U0374282

国家社科基金重点项目研究成果

竞争性国有企业混合所有制改革的理论与现实路径研究

李胜兰　陈玉敏　王兴志　黄晓光◎编著

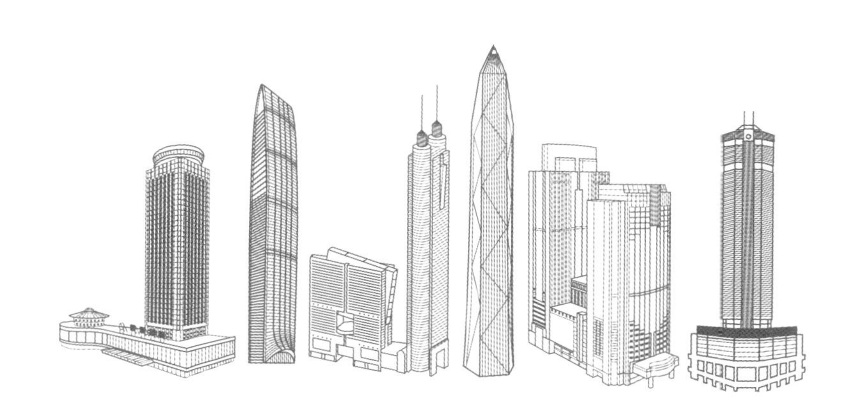

中山大學出版社
SUN YAT-SEN UNIVERSITY PRESS
·广州·

图书在版编目（CIP）数据

竞争性国有企业混合所有制改革的理论与现实路径研究/李胜兰等编著. —广州：中山大学出版社，2022.12
ISBN 978-7-306-07647-2

Ⅰ.①竞…　Ⅱ.①李…　Ⅲ.①国有企业—混合所有制—企业改革—研究—中国　Ⅳ.①F279.241

中国版本图书馆 CIP 数据核字（2022）第 216323 号

JINGZHENGXING GUOYOUQIYE HUNHE SUOYOUZHI GAIGE DE LILUN YU XIANSHI LUJING YANJIU

出 版 人：王天琪
策划编辑：李先萍
责任编辑：李先萍
封面设计：曾　斌
责任校对：卢思敏
责任技编：靳晓虹
出版发行：中山大学出版社
电　　话：编辑部 020-84111946，84113349，84111997，84110779
　　　　　发行部 020-84111998，84111981，84111160
地　　址：广州市新港西路 135 号
邮　　编：510275　　传　　真：020-84036565
网　　址：http：//www.zsup.com.cn　E-mail：zdcbs@mail.sysu.edu.cn
印 刷 者：广州市友盛彩印有限公司
规　　格：787mm×1092mm　1/16　12.625 印张　207 千字
版次印次：2022 年 12 月第 1 版　2022 年 12 月第 1 次印刷
定　　价：55.00 元

目　录

CONTENTS

第一章
绪　　论

第一节 研究背景

国有企业改革在过去的40年里始终是我国改革的主线之一。国有企业一方面承担了实现依法治国与社会主义市场经济高质量发展的政策重担，另一方面又面临着实现有效内部控制、提高企业生产经营效率和市场竞争力的巨大压力。这两方面的矛盾在竞争性国有企业中尤其突出。可以说，国有企业改革的历史集中反映了我国在贯彻落实依法治国理念、建立现代企业制度以及优化“政府—市场—企业”关系上的努力与奋斗历程。

国有企业在我国社会经济中具有重要的地位，其所起的作用不仅仅体现在经济方面，对我国社会、政治和文化也产生了深远的影响。《中国工业统计年鉴》的数据显示，近年中国国有企业的总资产占各种所有制企业资产总额的比重仍接近40%。这一比重尽管与20世纪90年代末近70%的比重相比有较大的下降，但国有资产与过往相比却更加密集地布局在社会服务、电力、交通运输、机械工业等重要的公益性和战略性行业中，实际上对中国经济发展起到了更大的基础性和战略性作用。中国国有经济研究中心发布的《2019中国国有经济发展报告》显示，自党的十八大以来，中国国有经济中第一产业所占比重在1%以下，主要布局在第二、第三产业。其中，第二产业国有企业资产总额占全部国有企业资产总额约32%，且表现出缓慢收缩的趋势；而第三产业国有企业户数占全部国有企业户数的比重约为64%，显示出逐年递增的发展态势。由此可见，国有企业在中国产业经济的结构性转型中也发挥了无可替代的引领作用。此外，国有企业带来的集体意识、国家战略意识和社会责任意识，伴随着改革开放从传统国有经济中溢出，深刻地影响了我国社会、政治和文化的方方面面；非国有经济在改革开放中取得的成功，既有私人部门的企业家精神和市场文化的功劳，也离不开传统国有经济和集体经济留下的宝贵遗产。

在我国的国有企业中，竞争性国有企业是其中重要的组成部分，但其长期面临着生产经营效率不高、市场竞争力不足的问题。竞争性国有企业的混合所有制分类改革也是我国全面深化国有企业改革的关键环节和重要内容。一般来说，竞争性国有企业是指在一定的历史时期内存在于市场竞争性领域并以平等竞争者身份与其他所有制企业开展竞争，以营利为主、兼顾公益的国有企业。简单来说，竞争性国有企业最大的特点在于其主要业务处于充分竞争行业中。根据笔者搜集的公开资料，在工业领域中，长期以来，竞争性国有企业不管在工业类国有企业里还是在竞争性的工业行业里，其资产占比都非常高，但资产的收益率却相对较低（详见本书第三章第二节）。如何通过外部治理机制的构建及内部治理结构的完善，引入灵活的市场机制，实现竞争性国有资本的保值增值，是当前竞争性国有企业面临的主要问题。

新一轮的国有企业混合所有制改革为竞争性国有企业走出困境提供了契机。2015 年，中共中央、国务院印发了《关于深化国有企业改革的指导意见》，从改革的总体要求到分类推进国有企业改革、完善现代企业制度和国有资产管理体制、发展混合所有制经济、强化监督防止国有资产流失、加强和改进党对国有企业的领导、为国有企业改革创造良好环境条件等方面，全面提出了新时期国有企业改革的目标任务和重大举措。党的十八届三中全会进一步提出，要“允许更多国有经济和其他所有制经济发展成为混合所有制经济”，“完善国有资产管理体制，以管资本为主加强国有资产监管，改革国有资本授权经营体制”，以及“不断增强国有经济活力、控制力、影响力”。党的十九届四中全会也提出“探索公有制多种实现形式，推进国有经济布局优化和结构调整，发展混合所有制经济……形成以管资本为主的国有资产监管体制，有效发挥国有资本投资、运营公司功能作用”的国有企业改革新要求。

2020 年 6 月 30 日召开的中央全面深化改革委员会第十四次会议审议通过了《国有企业改革三年行动方案（2020—2022 年）》。会议明确在未来三年中，要坚持和加强党对国有企业的全面领导，坚持和完善基本经济制度，坚持社会主义市场经济改革方向，抓重点、补短板、强弱项，推进国有经济布局优化和结构调整，增强国有经济的竞争力、创新力、控制力、影响力和抗风险能力。2020 年是国有企业改革三年行动的启动年，国有企业混合所有制改革、重组整合、国有资本监管体制改革等方面都将进入快速推进、实质进展的新阶段。

具体到竞争性国有企业的混合所有制改革，国家文件要求商业类竞争性国有企业必须“按照市场化、国际化要求，以增强国有经济活力、放大国有资本功能、实现国有资产保值增值为主要目标，以提高经济效益和创新商业模式为导向，充分运用整体上市等方式，积极引入其他国有资本或各类非国有资本实现股权多元化。坚持以资本为纽带完善混合所有制企业治理结构和管理方式，国有资本出资人和各类非国有资本出资人以股东身份履行权利和职责，使混合所有制企业成为真正的市场主体”（《国务院关于国有企业发展混合所有制经济的意见》，国发〔2015〕54 号）。文件特别强调，“对主业处于充分竞争行业和领域的商业类国有企业，要支持和鼓励发展有竞争优势的产业，优化国有资本投向，推动国有产权流转，及时处置低效、无效及不良资产，提高市场竞争能力”（《关于国有企业功能界定与分类的指导意见》，国资发研究〔2015〕170 号）。由此可见，充分引入市场竞争机制，促使政府对竞争性国有企业从事前审批向事中、事后的监管和服务转变，是做大做强竞争性国有企业的关键所在。

尽管国家对竞争性国有企业的混合所有制改革进行了较为完备的顶层设计，但在具体实施过程中，改革却面临诸多堵点。当今世界正处于百年未有之大变局，同时国内经济正从高速增长转向高质量发展。特别是在当前新冠肺炎疫情冲击下及“双循环”新发展格局构建过程中，市场环境面临急遽的变化，这对于竞争性国有企业来说，既是机遇，也是挑战。面对国内外新环境，竞争性国有企业深化混合所有制改革面临重重困难，例如，相关法律制度不完善导致政府与市场的边界不清，有的部门和企业对《中华人民共和国公司法》《中华人民共和国劳动法》执行不力，集团层面混合所有制改革对下属业务子公司的生产经营特征考虑不足，层层审批导致决策链条过长，企业内部用工制度刻板守旧，以及对民营资本保护不力，等等。竞争性国有企业如何适应新的内外部环境并克服这些堵点，是本书要研究的核心问题。

具体来看，本书拟分析和解决的问题可分为四个方面：①竞争性国有企业在我国经济以及国有企业中的地位及作用。②竞争性国有企业自改革开放以来经历了怎样的发展及改革历程？③竞争性国有企业改革在外部治理及内部治理机制改革上主要做了哪些工作？现状如何？存在哪些堵点？这些堵点产生的原因是什么？④结合经济学的理论以及现有的实践案例，竞争性国有企业应通过怎样的思路及具体措施来克服这些堵点？

本书以竞争性国有企业为研究对象，梳理总结我国自改革开放以来国有企业改革的历史和现状，结合经济学理论分析，探讨我国竞争性国有企业当前面临的问题及其成因，从外部制度构建与内部治理结构两方面为进一步深化竞争性国有企业混合所有制改革提出政策建议和具有可操作性的方案。

第二节　研究的理论意义和现实意义

一、理论意义

本书运用经济学理论，为进一步落实和深化中央关于竞争性国有企业混合所有制分类改革的指导思想及战略规划进行理论和经济学成本效益分析，提出深化竞争性国有企业混合所有制改革的对策建议。竞争性国有企业混合所有制改革的关键是在外部治理和内部治理中充分引入市场竞争机制。在外部市场环境的构建方面，本书运用寻租与管制理论论证了产品和要素竞争市场的构建以及政府从事前审批向事中、事后监管服务的转变对激发竞争性国有企业市场活力的重要性；在内部激励机制设计方面，本书运用不完全信息和委托代理理论论证了引入“市场信息”、缩减决策链条、使市场竞争而非行政绩效引导管理层决策的重要性；在内部多元化股权结构设置方面，本书运用不完全契约和产权理论论证了引入非国有资本、赋予非国有股东充分的决策权及监督权的重要性。最后，在此基础上探索了深化竞争性国有企业混合所有制改革对策性的路径指引，对已有的公司治理理论以及产权制度改革的相关理论而言，将是重要的补充。

二、现实意义

（1）企业实践层面。本书的研究内容及成果论证了在混合所有制改革的背景下竞争性国有企业是如何优化公司治理结构和提高治理效率的。一方面，本研究从实践中来，到实践中去，在充分调研论证的基础上，从战略管理、高管激励、员工激励、决策流程等方面为竞争性国有企业的混合所有制改革提供新思路；另一方面，为竞争性国有企业进行治理结构以及人才机制、管理体制的变革提供具有可操作性的方案，包括科学分配决策权和控制权，完善公司决策流程，优化董事会的决策与监督机制等，最终提高竞争性国有企业的生产经营效率。

（2）政府决策层面。本书的研究对竞争性国有企业混合所有制改革中政府的角色和作用进行了新的探索，从实证的层面阐述了如何实现政府、社会资本和管理层三方利益的统一，形成对公司股东、管理层有效制衡的法人治理结构和灵活高效的市场化经营管理机制。本书的研究一方面从理论出发，通过优化公司治理制度的设计，对新时代国有企业混合所有制改革中政府的角色和作用展开新探索，实现政府和社会资本之间的利益平衡；另一方面立足实践，以减少国有资本、民营资本和管理层之间的委托代理问题，最终实现政府、社会资本和管理层三方利益的统一为目标，为深化改革提供切实可行的设计方案和具备可操作性的实施方案。

第三节　研究的内容和思路

本书沿着“研究基础—历史、现状及问题成因分析—理论分析—对策研究”的思路，从理论到现实层层递进展开，对竞争性国有企业改革的现状、问题及对策进行全面的研究。具体来看，本书第二章至第五章的主要内容如下。

第二章是“研究基础与相关研究文献”。在研究基础部分，该章首先梳理了党的十八大以来有关国有企业混合所有制改革的政策，即“1 + N”政策体系，为后面章节的问题、原因及对策分析划定理论基础的范围。该章还从委托代理理论、产权理论、寻租与管制理论、企业理论和契约理论五大基础理论着眼，概述探讨竞争性国有企业改革所依据的经济学理论基础。在相关研究文献部分，从“公司治理”和“混合所有制改革”两大视角出发，综述了与本书相关的已有研究文献，包括现代公司治理的内涵及问题，混合所有制改革的动因、路径和效果等，并具体说明本书在理论和实践上的边际贡献。

第三章是“竞争性国有企业混合所有制改革的历程、成效及改革面临的堵点”。在当前混合所有制分类改革的顶层设计中，竞争性国有企业是其中一类重要的国有企业类型，既在国有企业体系乃至整个社会经济中发挥着重要的推动作用，也是大量不良资产和过剩能源的集中地。该章通过对文献资料及统计数据的罗列，详细分析和总结了竞争性国有企业的发展历史及现状，并探讨了竞争性国有企业在混合所有制分类改革过程中面临的堵点及其产生的原因，以及各类堵点可能导致的后果，为有针对性地优化竞争性国有企业混合所有制改革方案及提出具体对策奠定基础。

第四章是“深化竞争性国有企业混合所有制改革的制度保障”。针对上一章中提出的各个堵点，结合经济学的基础理论，该章从外部治理和内部治理两个方面，提出深化竞争性国有企业混合所有制改革的外部制度措施和内部制度措施。一方面说明有哪些现存制度有待完善及贯彻落实，包括《中华人民共和国反垄断法》《中华人民共和国反不正当竞争法》《中华人民共和国公司法》《中华人民共和国企业破产法》等相关法律的完善及加强执法；另一方面说明还有哪些新制度和政策措施需要出台执行，包括分层次“混合所有制改革”，政府职能从事前审批和决策干预向事中、事后监管服务转变，市场化用工机制改革等。

第五章是“竞争性国有企业混合所有制改革的案例分析”。改革开放以后，特别是党的十八届三中全会之后，中国在国有企业混合所有制改革，尤其是竞争性国有企业的混合所有制改革上积累了较为丰富的经验和教训。该章基于历史资料及现有研究，以海信视像、中国联通、云南白药等国有企业的混合所有制改革为研究对象，从改革动因、改革方案设计及效果、对当前竞争性国有企业混合所有制改革的启示三个方面分析这些案例，既为本书提出的理论、现实路径设计和具体制度保障提供现实的案例支撑，又为竞争性国有企业混合所有制改革方案的完善与落地提供新的借鉴。

本书的研究思路如图 1 – 1 所示。

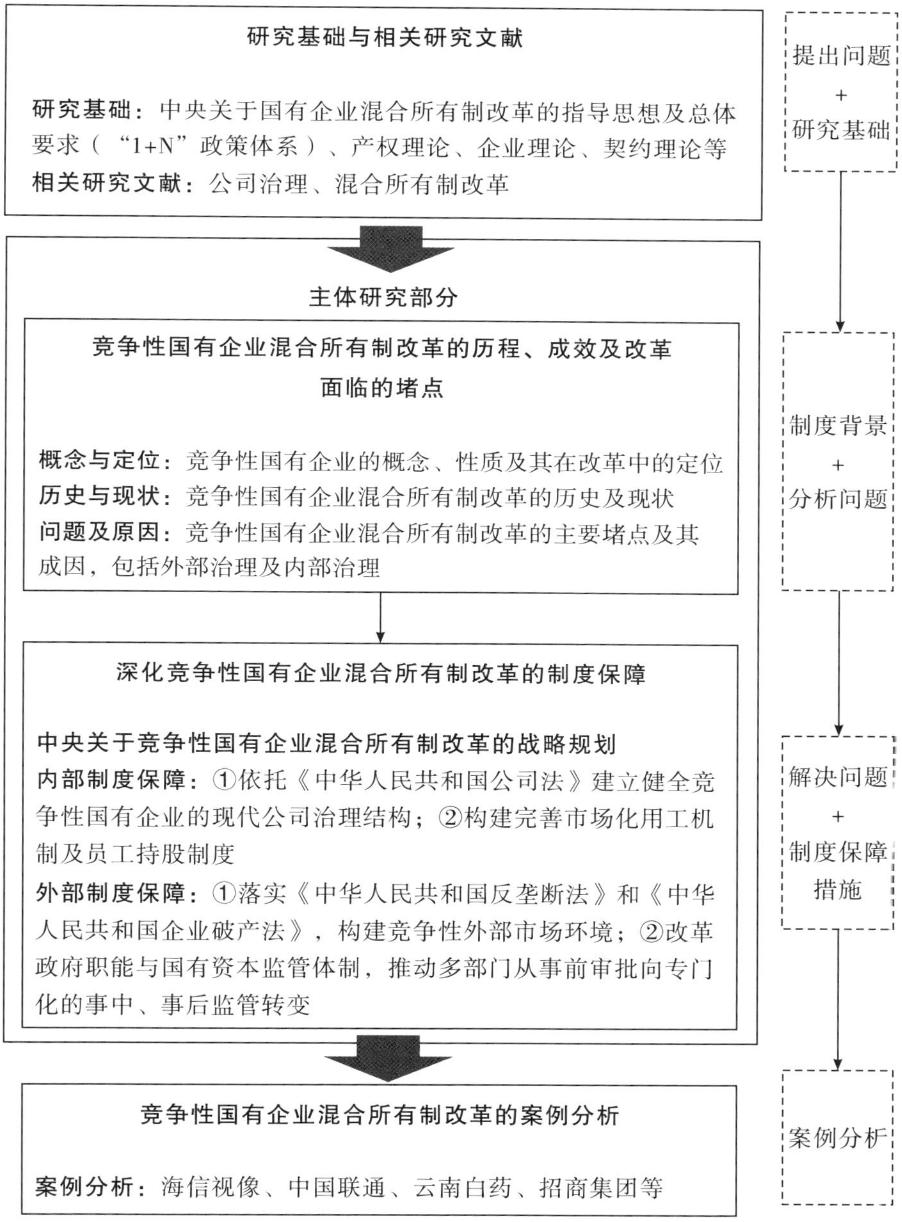

研究基础与相关研究文献

研究基础：中央关于国有企业混合所有制改革的指导思想及总体要求（“1+N”政策体系）、产权理论、企业理论、契约理论等
相关研究文献：公司治理、混合所有制改革

主体研究部分

竞争性国有企业混合所有制改革的历程、成效及改革面临的堵点

概念与定位：竞争性国有企业的概念、性质及其在改革中的定位
历史与现状：竞争性国有企业混合所有制改革的历史及现状
问题及原因：竞争性国有企业混合所有制改革的主要堵点及其成因，包括外部治理及内部治理

深化竞争性国有企业混合所有制改革的制度保障

中央关于竞争性国有企业混合所有制改革的战略规划
内部制度保障：①依托《中华人民共和国公司法》建立健全竞争性国有企业的现代公司治理结构；②构建完善市场化用工机制及员工持股制度
外部制度保障：①落实《中华人民共和国反垄断法》和《中华人民共和国企业破产法》，构建竞争性外部市场环境；②改革政府职能与国有资本监管体制，推动多部门从事前审批向专门化的事中、事后监管转变

竞争性国有企业混合所有制改革的案例分析

案例分析：海信视像、中国联通、云南白药、招商集团等

提出问题
+
研究基础

制度背景
+
分析问题

解决问题
+
制度保障
措施

案例分析

图 1－1 本书的研究思路

第二章

研究基础与相关研究文献

第一节　国有企业混合所有制改革的指导思想与总体要求："1+N"政策体系

为了解决国有企业生产经营效率不高的问题，党中央和国务院在党的十八大以后按"分类改革"的要求，提出了一系列新的战略规划和顶层设计。党的十八届三中全会以后，以混合所有制改革为核心，以国有企业分类改革为框架，以国有资产的资本运营为理念，以供给侧改革实现结构性改革为目标，形成了新一轮国有企业改革的基本路径。党的十八届三中全会指出，混合所有制经济是我国"基本经济制度的重要实现形式，有利于国有资本放大功能、保值增值、提高竞争力，有利于各种所有制资本取长补短、相互促进、共同发展"；而在此之前，中央文件的提法仅仅是"股份制是公有制的实现形式之一"。党的十九大报告提出：第一，在经济体制改革方面，"改革必须以完善产权制度和要素市场化配置为重点，实现产权有效激励、要素自由流动、价格反应灵活、竞争公平有序、企业优胜劣汰"；第二，在国资监管及国有企业改革方面，"要完善各类国有资产管理体制，改革国有资本授权经营体制，加快国有经济布局优化、结构调整、战略性重组，促进国有资产保值增值，推动国有资本做强做优做大，有效防止国有资产流失。深化国有企业改革，发展混合所有制经济，培育具有全球竞争力的世界一流企业"。党的十九届四中全会提出，"探索公有制多种实现形式，推进国有经济布局优化和结构调整，发展混合所有制经济，增强国有经济竞争力、创新力、控制力、影响力、抗风险能力，做强做优做大国有资本。深化国有企业改革，完善中国特色现代企业制度。形成以管资本为主的国有资产监管体制，有效发挥国有资本投资、运营公司功能作用"。党的十九届五中全会从建设"有效市场与有为政府相结合"的社会主义市场经济体系以及构建"双循环"新发展格局的更高层次出发，提出了国有企业改革的新要求，并在《中共中央关于制定国民经济和社会发展第十四个五年规划和2035年远景目标的建议》中具体提出，必须"加快完善中国特色现代企业制度，深化国有企业混合所有制改革。健全管资本为主的国有资产监管体制，深化国有资本投资、运营公司改革。

推进能源、铁路、电信、公用事业等行业竞争性环节市场化改革”。从党中央和国务院的战略规划来看，国有企业混合所有制分类改革，特别是国有企业在竞争性环节的市场化改革，对于中国社会主义市场经济的未来发展至关重要。

2013 年，党的十八届三中全会通过《中共中央关于全面深化改革若干重大问题的决定》（以下简称《决定》）。党中央在《决定》中强调：“公有制为主体、多种所有制经济共同发展的基本经济制度，是中国特色社会主义制度的重要支柱，也是社会主义市场经济体制的根基。”公有制经济和非公有制经济都是社会主义市场经济的重要组成部分以及社会经济发展的重要基础。同年，习近平总书记也指出，要积极发展混合所有制经济，唯有通过各种资本的相互融合，才能实现国有资本功能的放大，提高国有企业在各个领域的竞争力。通过组建国有资本运营公司，改革当前国有资本的授权经营体制，从“管人管事管资产”向“管资产为主”转变，以更加符合现代企业法人制度的治理结构，达到引导国有资本重点服务国家战略目标、投向重要行业和关键领域以及重要前瞻性战略性产业等的目的，同时加强国有资产的监管。关于国有企业现代企业制度的完善，习近平总书记指出，“国有企业是推进国家现代化、保障人民共同利益的重要力量”。因此，国有企业必须适应市场化发展的总体趋势，实行政企分开、政资分开，提高企业效率，与其他非国有企业共同参与市场竞争，推进公共资源配置的市场化。此外，习近平总书记还提出要让公益性企业在公共服务领域做出更大的贡献。

为了实现上述目标，2015 年，中共中央、国务院发布了《关于深化国有企业改革的指导意见》（中发〔2015〕22 号）（以下简称《指导意见》），内容涵盖了改革的总体要求以及分类推进国有企业改革、完善国有企业现代企业制度和国有资产管理体制、发展混合所有制经济、强化监督防止国有资产流失、加强和改进党对国有企业的领导、为国有企业改革创造良好环境条件等不同方面，全面提出了国有企业改革的战略目标与具体举措。这份重要的历史性文件为我国新一轮国有企业改革奠定了基本的框架。《指导意见》提出，“推进国有企业混合所有制改革。以促进国有企业转换经营机制，放大国有资本功能，提高国有资本配置和运行效率，实现各种所有制资本取长补短、相互促进、共同发展为目标，稳妥推动国有企业发展混合所有制经济。对通过实行股份制、上市等途径已经实行混合所有制的国有企业，要着力在完善现代企业制度、提高资本运行效率上下功夫；对于适宜继续推进混合所有制改革的国有企业，要充分发挥市场机制作用，坚持因地施策、因业施策、因企施策，宜独则独、宜控则控、宜参则参，不搞拉郎配，不搞全覆盖，不设时间表，成熟一个推进一个。改革要依法依规、严格程序、公开公正，切实保护混合所有制企业各类出资人的产权权益，杜绝国有资产流失”。

一、国有企业功能分类及任务目标

《指导意见》最重要的思想在于“混合所有制分类改革”。文件指出，要对国有企业不同的业务性质和功能进行分类，而在分类推进国有企业改革的过程中，还需要结合国有资本的战略定位和发展目标，动态调整国有企业的功能类别，推动国有企业同市场经济深入融合。文件将国有企业的类型分为商业类和公益类两类。文件提出：“根据国有资本的战略定位和发展目标，结合不同国有企业在经济社会发展中的作用、现状和发展需要，将国有企业分为商业类和公益类。通过界定功能、划分类别，实行分类改革、分类发展、分类监管、分类定责、分类考核，提高改革的针对性、监管的有效性、考核评价的科学性，推动国有企业同市场经济深入融合，促进国有企业经济效益和社会效益有机统一。按照‘谁出资谁分类’的原则，由履行出资人职责的机构负责制订所出资企业的功能界定和分类方案，报本级政府批准。各地区可结合实际，划分并动态调整本地区国有企业功能类别。”由此可见，《指导意见》不仅设计了国有企业分类的具体类型和标准，还在一定程度上赋予了地方政府动态调整本地区国有企业功能类别的权力。

2015 年发布的《指导意见》及同年国务院发布的《国务院关于国有企业发展混合所有制经济的意见》（国发〔2015〕54 号）还对两大类型国有企业混合所有制改革具体提出了不同的改革要求。

（一）竞争性商业类国有企业实施股份制改革，并推进整体上市

“主业处于充分竞争行业和领域的商业类国有企业，原则上都要实行公司制股份制改革，积极引入其他国有资本或各类非国有资本实现股权多元化，国有资本可以绝对控股、相对控股，也可以参股，并着力推进整体

上市。对这些国有企业，重点考核经营业绩指标、国有资产保值增值和市场竞争能力。”“对主业处于关系国家安全、国民经济命脉的重要行业和关键领域、主要承担重大专项任务的商业类国有企业，要保持国有资本控股地位，支持非国有资本参股。对自然垄断行业，实行以政企分开、政资分开、特许经营、政府监管为主要内容的改革，根据不同行业特点实行网运分开、放开竞争性业务，促进公共资源配置市场化，同时加强分类依法监管，规范营利模式。”

（二）战略性商业类国有企业要在保持国有资本控股的基础上开放非国有资本参股

对于主业处于关系国家安全、国民经济命脉的重要行业和关键领域、主要承担重大专项任务的商业类国有企业，要保持国有资本控股地位，支持非国有资本参股。对自然垄断行业，实行以政企分开、政资分开、特许经营、政府监管为主要内容的改革，根据不同行业特点实行网运分开、放开竞争性业务，促进公共资源配置市场化；对需要实行国有全资的企业，也要积极引入其他国有资本实行股权多元化；对特殊业务和竞争性业务实行业务板块有效分离，独立运作、独立核算。对这些国有企业，在考核经营业绩指标和国有资产保值增值情况的同时，加强对服务国家战略、保障国家安全和国民经济运行、发展前瞻性战略性产业以及完成特殊任务的考核。主要包括重要通信基础设施、枢纽型交通基础设施、重要江河流域控制性水利水电航电枢纽、跨流域调水工程、重要水资源森林资源及战略性矿产资源开发利用、江河主干渠道、石油天然气主干管网、电网以及国防军工等领域。

（三）公益类国有企业积极引入市场机制，以成本考核为主

对于“公益类国有企业，以保障民生、服务社会、提供公共产品和服务为主要目标，引入市场机制，提高公共服务效率和能力。这类企业可以采取国有独资形式，具备条件的也可以推行投资主体多元化，还可以通过购买服务、特许经营、委托代理等方式，鼓励非国有企业参与经营。对公益类国有企业，重点考核成本控制、产品服务质量、营运效率和保障能力，根据企业不同特点有区别地考核经营业绩指标和国有资产保值增值情况，考核中要引入社会评价”。“在水电气热、公共交通、公共设施等提供

公共产品和服务的行业和领域，根据不同业务特点，加强分类指导，推进具备条件的企业实现投资主体多元化。通过购买服务、特许经营、委托代理等方式，鼓励非国有企业参与经营。政府要加强对价格水平、成本控制、服务质量、安全标准、信息披露、营运效率、保障能力等方面的监管，根据企业不同特点有区别地考核其经营业绩指标和国有资产保值增值情况，考核中要引入社会评价。”

同样在2015年，国务院国有资产监督管理委员会（以下简称“国资委”）、财政部与国家发展和改革委员会（以下简称“发展改革委”）联合发布《关于国有企业功能界定与分类的指导意见》（国资发研究〔2015〕170号）。文件还针对不同功能类别的国有企业制订了不同的发展规划：“商业类国有企业要优化资源配置，加大重组整合力度和研发投入，加快科技和管理创新步伐，持续推动转型升级，培育一批具有创新能力和国际竞争力的国有骨干企业。其中，对主业处于充分竞争行业和领域的商业类国有企业，要支持和鼓励发展有竞争优势的产业，优化国有资本投向，推动国有产权流转，及时处置低效、无效及不良资产，提高市场竞争能力。对主业处于关系国家安全、国民经济命脉的重要行业和关键领域，主要承担重大专项任务的商业类国有企业，要合理确定主业范围，根据不同行业特点，加大国有资本投入，在服务国家宏观调控、保障国家安全和国民经济运行、完成特殊任务等方面发挥更大作用。公益类国有企业要根据承担的任务和社会发展要求，加大国有资本投入，提高公共服务的质量和效率。严格限定主业范围，加强主业管理，重点在提供公共产品和服务方面作出更大贡献。”

概括来说，混合所有制国有企业的目标任务总体上可以分为经济性和社会性两类（蒋建湘、薛侃，2021）。第一，混合所有制国有企业需要完成经济性目标任务。企业一般是指以营利为目的，运用各种生产要素（土地、劳动力、资本、技术和企业家才能等），向市场提供商品或服务，实行自主经营、自负盈亏、独立核算的法人或其他社会经济组织。简言之，企业必定追求利润。混合所有制国有企业也不例外，必定追求企业效率的提升以及为股东（包括国有股东和非国有股东）谋求利润。第二，混合所有制国有企业需要完成社会性目标任务。作为“全民”所有的企业以及“全民”的代理人，国有企业必须维护其最终所有者的利益，这是一种包括但不限于经济利润的利益，如促进就业、保障民生、调节社会财富公平分配、保障粮食能源安全、稳定价格等，这在一些公益类国有企业、主业处于重要行业和关键领域的商业类国有企业中体现得尤为明显，国有企业因而有了非经济性的目标任务。新一轮的国有企业混合所有制改革通过对国有企业进行功能分类，分类实施改革，以确保国有资本经济性目标和社会性目标的有效实现。

二、按功能类别实施监管和定责考核

国资委、财政部和发展改革委于2015年发布的《关于国有企业功能界定与分类的指导意见》（国资发研究〔2015〕170号）还提出了对国有企业分类实施监管和分类定责考核的要求。

（一）分类实施监管方面

文件提出："对商业类国有企业要坚持以管资本为主加强国有资产监管，重点管好国有资本布局、提高国有资本回报、规范国有资本运作、维护国有资本安全。建立健全监督体制机制，依法依规实施信息公开，严格责任追究，在改革发展中防止国有资产流失。其中，对主业处于充分竞争行业和领域的商业类国有企业，重点加强对集团公司层面的监管，落实和维护董事会依法行使重大决策、选人用人、薪酬分配等权利，保障经理层经营自主权，积极推行职业经理人制度。对主业处于关系国家安全、国民经济命脉的重要行业和关键领域，主要承担重大专项任务的商业类国有企业，重点加强对国有资本布局的监管，引导企业突出主业，更好地服务国家重大战略和宏观调控政策。对公益类国有企业，要把提供公共产品、公共服务的质量和效率作为重要监管内容，加大信息公开力度，接受社会监督。"

（二）分类定责考核方面

文件提出："对商业类国有企业，要根据企业功能定位、发展目标和责任使命，兼顾行业特点和企业经营性质，明确不同企业的经济效益和社会效益指标要求，制定差异化考核标准，建立年度考核和任期考核相结合、结果考核与过程评价相统一、考核结果与奖惩措施相挂钩的考核制度。其中，对主业处于充分竞争行业和领域的商业类国有企业，重点考核经营业绩指标、国有资产保值增值和市场竞争能力。对主业处于关系国家安全、国民经济命脉的重要行业和关键领域、主要承担重大专项任务的商业类国有企业，要合理确定经营业绩和国有资产保值增值指标的考核权重，加强对服务国家战略、保障国家安全和国民经济运行、发展前瞻性战略性产业以及完成特殊任务情况的考核。对公益类国有企业，重点考核成本控制、产品质量、服务水平、营运效率和保障能力，根据企业不同特点有区别地考核经营业绩和国有资产保值增值情况，考核中要引入社会评价。”此外，“有关方面在研究制定国有企业业绩考核、领导人员管理、工资收入分配制度改革等具体方案时，要根据国有企业功能界定与分类，提出有针对性、差异化的政策措施”。

三、其他改革要求

《关于深化国有企业改革的指导意见》（中发〔2015〕22 号）和《关于国有企业功能界定与分类的指导意见》（国资发研究〔2015〕170 号）还提出了一系列的配套改革措施。

（一）分层次推进混合所有制改革

文件提出，必须“引导在子公司层面有序推进混合所有制改革。对国有企业集团公司二级及以下企业，以研发创新、生产服务等实体企业为重点，引入非国有资本，加快技术创新、管理创新、商业模式创新，合理限定法人层级，有效压缩管理层级。明确股东的法律地位和股东在资本收益、企业重大决策、选择管理者等方面的权利，股东依法按出资比例和公司章程规定行权履职”。此外，还要“探索在集团公司层面推进混合所有制改革。在国家有明确规定的特定领域，坚持国有资本控股，形成合理的治理结构和市场化经营机制；在其他领域，鼓励通过整体上市、并购重组、发行可转债等方式，逐步调整国有股权比例，积极引入各类投资者，形成股权结构多元、股东行为规范、内部约束有效、运行高效灵活的经营机制”。

（二）实现资本结构的多元化

鼓励非公有资本参与国有企业混合所有制改革，非公有资本投资主体可通过出资入股、收购股权、认购可转债、股权置换等多种方式，参与国有企业改制重组或国有控股上市公司增资扩股以及企业经营管理。支持集体资本参与国有企业混合所有制改革；有序吸收外资参与国有企业混合所有制改革，引入外资参与国有企业改制重组、合资合作，鼓励通过海外并购、投融资合作、离岸金融等方式，充分利用国际市场、技术、人才等资源和要素，发展混合所有制经济，深度参与国际竞争和全球产业分工，提高资源全球化配置能力；推广政府和社会资本合作（public-private-partnership，PPP）模式；鼓励国有资本以多种方式入股非国有企业，即在公共服务、高新技术、生态环境保护和战略性产业等重点领域，以市场选择为前提，以资本为纽带，充分发挥国有资本投资、运营公司的资本运作平台作用，对发展潜力大、成长性强的非国有企业进行股权投资；探索完善优先股和国家特殊管理股方式，以及探索实行混合所有制企业员工持股；等等。

（三）建立现代化的混合所有制企业治理结构

第一，“进一步确立和落实企业市场主体地位。政府不得干预企业自主经营，股东不得干预企业日常运营，确保企业治理规范、激励约束机制到位。落实董事会对经理层成员等高级经营管理人员选聘、业绩考核和薪酬管理等职权，维护企业真正的市场主体地位”。第二，“健全混合所有制企业法人治理结构。混合所有制企业要建立健全现代企业制度，明晰产权，同股同权，依法保护各类股东权益。规范企业股东（大）会、董事会、经理层、监事会和党组织的权责关系，按章程行权，对资本监管，靠市场选人，依规则运行，形成定位清晰、权责对等、运转协调、制衡有效的法人治理结构”。第三，“推行混合所有制企业职业经理人制度。按照现代企业制度要求，建立以市场导向的选人用人和激励约束机制，通过市场化方式选聘职业经理人依法负责企业经营管理，畅通现有经营管理者与职业经理人的身份转换通道。职业经理人实行任期制和契约化管理，按照市场化原则决定薪酬，可以采取多种方式探索中长期激励机制。严格职业经理人任期管理和绩效考核，加快建立退出机制”。

（四）各类外部治理

第一，加强产权保护，健全严格的产权占有、使用、收益、处分等完整保护制度，依法保护混合所有制企业各类出资人的产权和知识产权权益；在立法、司法和行政执法过程中，坚持对各种所有制经济产权和合法利益给予同等法律保护。第二，健全多层次资本市场。加快建立规则统一、交易规范的场外市场，促进非上市股份公司股权交易，完善股权、债权、物权、知识产权及信托、融资租赁、产业投资基金等产品交易机制。建立规范的区域性股权市场，为企业提供融资服务，促进资产证券化和资本流动，健全股权登记、托管、做市商等第三方服务体系。以具备条件的区域性股权、产权市场为载体，探索建立统一结算制度，完善股权公开转让和报价机制。制定场外市场交易规则和规范监管制度，明确监管主体，实行属地化、专业化监管。第三，简政放权及建立健全法律法规。进一步简政放权，最大限度取消涉及企业依法自主经营的行政许可审批事项。凡是市场主体基于自愿的投资经营和民事行为，只要不属于法律法规禁止进入的领域，且不危害国家安全、社会公共利益和第三方合法权益，不得限制进入。完善工商登记、财税管理、土地管理、金融服务等政策，加快建立健全法律法规制度。健全混合所有制经济相关法律法规和规章，加大法律法规“立、改、废、释”工作力度，确保改革依法有据。

四、“1 + N”政策体系

围绕党中央和国务院关于国有企业改革的指导意见，目前国家在整体上形成了关于国有企业混合所有制改革的“1 + N”政策体系，具体如表2 - 1所示。

表2 - 1　国有企业混合所有制改革的“1 + N”政策体系

政策领域	文件名称
总体要求	《关于深化国有企业改革的指导意见》
分类推进国有企业改革	《关于国有企业功能界定与分类的指导意见》 《关于完善中央企业功能分类考核的实施方案》
发展混合所有制经济	《关于国有企业发展混合所有制经济的意见》 《关于鼓励和规范国有企业投资项目引入非国有资本的指导意见》 《关于国有控股混合所有制企业开展员工持股试点的意见》

（续表2-1）

政策领域	文件名称
完善现代企业制度	《关于进一步完善国有企业法人治理结构的指导意见》 《关于开展市场化选聘和管理国有企业经营管理者试点工作的意见》 《关于深化中央管理企业负责人薪酬制度改革的意见》 《关于合理确定并严格规范中央企业负责人履职待遇、业务支出的意见》
完善国有资产管理体制	《国务院办公厅关于改革和完善国有资产管理体制的若干意见》 《关于推动中央企业结构调整与重组的指导意见》
防止国有资产流失	《关于加强和改进企业国有资产监督防止国有资产流失的意见》 《关于建立国有企业违规经营投资责任追究制度的意见》 《企业国有资产交易监督管理办法》 《上市公司国有股权监督管理办法》 《关于进一步加强和改进外派监事会工作的意见》
党对国有企业的领导	《关于在深化国有企业改革中坚持党的领导加强党的建设的若干意见》
历史遗留问题	《关于支持国有企业改革政策措施的梳理及相关意见》 《关于印发加快剥离国有企业办社会职能和解决历史遗留问题工作方案的通知》
其他	贯彻落实《中共中央、国务院关于深化国有企业改革的指导意见》改革举措工作计划、贯彻落实《中共中央、国务院关于深化国有企业改革的指导意见》重点任务分工方案、《关于国有企业改革试点工作事项及分工的方案》、《国企改革三年行动方案（2020—2022年）》等

注：笔者根据相关资料整理而成。

第二节　核心概念及相关经济学理论

本节将概述全书所涉及的核心概念以及相关的经济学理论基础，主要包括五个方面：委托代理理论、产权理论、寻租与管制理论、企业理论和契约理论。这五个方面的相关概念及理论方法是从经济学视角分析竞争性国有企业混合所有制改革的重要基础。

一、委托代理理论

委托代理理论主要研究在信息不对称和利益冲突的条件下，通过契约的形式来建立委托代理关系，在该代理关系中，委托人如何设计适当的契约和机制来激励和监督企业经营者的行为，降低委托代理成本，提高公司绩效以及最大化公司和股东利益。

委托代理理论的产生基础是“不完全信息”或“信息不对称”。“不完全信息”或“信息不对称”主要是指在市场经济活动中，由于双方对有关信息的了解存在很大的差异，充分掌握信息的一方在活动的过程中往往处于相对强势的地位；而掌握信息不充分的一方，则处于相对弱势的地位。因此，在经济活动过程中，掌握信息不充分的一方往往会努力通过多种渠道获取信息，以增加自己在经济活动中的利益。不完全信息理论认为，在信息不对称的情形下，充分掌握信息的一方经常会出现“道德风险”现象，掌握信息不充分的一方则会做出“逆向选择”。道德风险和逆向选择行为都会扭曲市场机制，造成市场失灵。因此，在交易活动中必须设计最优的管理机制和激励结构缓解和治理信息不对称及其所引致的市场失灵问题。

在现代企业治理结构中，企业所有权和经营权的分离导致委托代理问题的出现，委托代理问题的实质就是信息不对称。一般认为，委托代理理论的研究范式起源于詹森和麦克林的研究（Jensen & Meckling，1976）。委托代理理论视委托代理关系为一种契约关系。契约双方存在分工，代理人为委托人进行生产，委托人的收益在相当程度上依赖代理人的努力。受限于经济人的自然禀赋，代理人在为他人生产的过程中有非常大的倾向选择，诸如偷懒、降低质量、卸责甚至欺骗等增加自身收益而损害委托人权益的行为。基于委托人的视角，委托代理理论认为，只要契约是完全的且能够设计出合适的激励条款，那么代理人会选择为委托人努力工作，形成激励相容状态。委托代理关系是在传统的“经济人”假设前提下进行的，假设双方在委托代理关系中都追求自身利益的最大化，双方对于企业经营管理过程中的信息掌握具有不对称性。委托人由于不了解代理人，不直接参与企业管理，对代理人能力和企业经营管理过程中的信息掌握处于弱势地位；相反，代理人则对自己和企业经营管理情况非常了解，处于信息优势的地位。因此，在企业的委托代理关系中就不可避免地出现了委托人的“逆向选择”和代理人的“道德风险”现象。“逆向选择”表现为委托人由于掌握信息的不对称，不了解代理人的真实能力，可能在雇用的时候选择雇用能力一般的代理人；“道德风险”则更多源于事后的信息不对称，代理人在企业经营管理的过程中，会利用自身掌握的信息优势做出有利于自身但却不一定有利于委托人的各种投机、偷懒或“搭便车”的行为。针对委托代理的问题，一般通过加强激励和监督机制的设计来进行治理。

一份合适的激励合同应具有怎样的结构呢？根据不完全信息理论和委托代理理论，为了减轻“道德风险”问题，委托人可能提供一个薪酬包，使经理的收入与（可观测、可核实的）绩效评估挂钩，我们称之为“绩效薪酬”。经常使用的绩效是公司利润或者股票市场价值，但是，它们也有明显的缺陷。它们可能在很大程度上跟那些经理无法控制的因素有关联，以至于经理可能靠运气取得报酬。尽可能地过滤掉运气因素，因素评估本企业相对于同一行业内其他企业的绩效可能是一种方法。但是，任何的绩效评估都可能是不精确的，都可能受到干扰，所以，最优薪酬方案最终必须权衡激励措施和风险分担。

综上所述，不完全信息理论与委托代理理论强调的是激励合同的设计。竞争性国有企业与战略性、公益性国有企业相类似，合适的激励合同设计都是激发企业活力的重要手段；竞争性国有企业与其他类型国有企业不同的特征在于，竞争性国有企业更加依赖充分竞争的市场和价格对生产经营状况进行评价。因此，在充分竞争的市场和价格能够充分反映企业生产经营状况的条件下，一份合适的激励合同就必然意味着将竞争性市场反映出的企业价值与经营管理层和员工的薪酬挂钩，这通常是依靠股权、期权激励合同及员工持股的方式实现的。

二、产权理论

（一）产权的概念及定义

经济学家主要从行为规则与权利束等角度阐释产权。从行为规则角度对“产权”进行定义的，以阿尔钦（Alchian）和德姆塞茨（Demsetz）等学者为代表，主要强调界定产权的巨大意义。阿尔钦（1991）强调产权是社会强制实施的选择资产使用方式的权利，产权是资产所有者拥有的有法律约束性的权利，是授予特定对象某种权威的方法，产权所有者可以任意选择不被法律禁止的方式使用资产，如地主拥有土地的产权。德姆塞茨（1967）认为产权是一种社会工具，能够使人形成与他人进行交往的合理预期，规范和制约着个人自利的行为。这种预期通过法律、习俗、道德观念等得到表达。产权所有者拥有以特定方式行事的权利，该项权利进一步确定受益、受损以及支付或获得补偿的规则。诺斯（North）、巴泽尔（Barzel）、尼科尔森（Nicholson）等学者则认为产权是一种权利束，强调产权的法权性质。诺斯（1981）将产权定义为个人对自身的劳动力，所拥有的物品、服务的权利。巴泽尔（1989）认为个人对其资产的产权包括消费、获利、转让等。他进一步指出，产权是相对的，世界上不存在“绝对权利”。尼科尔森（1992）将产权定义为所有者和所有权的各项权利的法律安排。

（二）产权的结构与特征

目前关于产权结构的主流观点有“三要素说”与“四要素说”。这两种学说没有本质上的区别，其差异主要体现在从不同的角度对资产权利进行分类。“三要素说”认为产权包括使用权、收益权和处置权，其代表性人物有巴泽尔、张五常等。巴泽尔（1989）认为个人对资产的产权由消费资产、从资产中获取收益以及让渡资产等权力或权利构成，且产权存在强度差异，这些差异由个人与第三方保护这些权利的努力程度，即他人企图夺取这些权利的努力程度所决定。张五常（2010）将私人产权界定为私人使用权、私人收入享受权与自由转让权的组合，并且认为终极产权可有可无。除“三要素说”之外，国内部分学者认为所有权也是产权权利的重要构成要素，于是产生了“四要素说”，代表性人物有黄少安、刘诗白等。黄少安（1993）认为对特定财产的产权并非一项单一的权利，而是一组权利或一个权利体系，包括狭义所有权即归属权、占有权、支配权和使用权。其中，狭义所有权是根本性的权利，占有权、支配权和使用权由其决定，却无法由其取代或包含。上述“四权”都有各自具体的、可变化的存在形式。刘诗白（1993）认为产权不等同于所有权，产权与所有权既有联系，又有区别，产权首要是所有权，但还包括支配使用权、占有利益权及处置权。

产权权利的特征主要包括可分解性、排他性、可交易性、持续性、质量以及灵活性。可分解性描述了产权的各项权利可以被分割并分配给不同的人；排他性是产权主体的对外排斥性或对特定权利的垄断性，产权所有者较为自主地决定如何使用资产并限制他人对资产的使用；可交易性指产权所有者可以轻松地将产权出售或赠予他人；产权的持续性指产权存续的年限；产权的质量取决于产权是否被明确规定好，在事实与法律上是否明晰；产权的灵活性指产权适应所有者拥有的资源和所处环境的能力（Grafton，Squires & Fox，2000）。

（三）产权与资源配置效率

产权理论认为产权为有效率的配置资源提供激励。经济学家们从激励结构、不确定性、外部性等角度对这一命题做出了解释。De Alessi（1983）指出不同的产权体系为决策者提供了不同的激励结构，导致了不同的资源配置和投入产出结果。Jaffe 和 Louziotis（1996）认为更强的产权减少了未来资产回报的不确定性，为决策者提供高效配置资源的激励，从而导致了社会财富的增加。德姆塞茨（1967）则主张产权是通过将外部性内部化来为有效率的配置资源提供激励的。明晰的产权可以让决策者承担他们行为的全部后果，进而为有效配置资源提供激励。只要能够有效地排除他人，那么外部成本就能够内部化，独占的产权有效率配置资源的优势就能够得到充分发挥。通常情况下，私有产权的资源配置效率高于共有产权，阿尔钦（1965）指出私有产权外的其他类型产权会扭曲资源使用与市场所反映的价值的一致性。

（四）产权与企业的所有权结构

传统的“不完全信息和委托代理理论”指出了合约设计对激励相容目标实现的重要性。但是，这些理论无法回答以下问题：为什么所有权结构或资产结构对公司治理来说是至关重要的？如果契约是完全的、不完全信息能够准确测度，那么只要设计出一份合理的激励合同就能够实现公司的有效治理，企业的资产结构是无关紧要；不管是在怎样的资产结构之下，设计良好的激励合同都能够有效解决委托代理问题。这显然是不符合现实的。不完全契约与产权理论则针对这一点，指出了企业的所有权结构与企业内部治理效率之间的联系；所有权结构是在不完全契约条件下对委托代理合同缺陷的一个重要补充。

以不完全信息和委托代理理论的“绩效薪酬”合同为例，绩效薪酬合同既需要具有事先签订足够详细的契约的能力，也需要有事后评估和核实绩效的能力。但现实中，这些要求有时难以获得满足。例如，假定代理人是一个研究员，其被指派的任务是为委托人的公司开发一项新技术。由于研究与开发过程中的不确定性，可能无法在事前确切说明创新应该是什么。此外，无论是新技术的质量还是它对委托人利润的影响都难以在事后得到核查。基于绩效的契约在这种情况下不是很有用，因而需要采用一种替代性的方法。总而言之，只要不完全信息无法被准确测度，或对不完全信息的测度由于交易费用的原因无法以完备的方式写进合同，不完全信息和委托代理理论就有可能失效。在这种场合下，关于资产用途的决策权力的分配就会变得十分重要。不完全契约方法（Gross & Hart，1986；Hart & Moore，1988，1989；Hart，1995）正是强调了这一点。

（1）“不完全契约”的概念。根据格罗斯曼－哈特－摩尔理论（GHM理论），由于人们的有限理性、信息的不完全性及交易事项的不确定性，将可预见的所有状态以及状态的概率分布全部写入合同是不可能的，因此，现实中不可能拟定一份完备的契约。由于交易费用的存在，不完全契约的存在是必然的。哈特（Hart，1995）从三个方面解释了契约不完全性的原因：①在复杂的、十分不可预测的世界中，人们很难想得长远，并为可能发生的各种情况都做出计划。②即使能够做出单个计划，缔约各方也很难就这些计划达成协议，因为他们很难找到一种共同的语言来描述各种情况和行为。对于这些，过去的经验也提供不了多大帮助。③即使各方可以对将来进行计划和协商，他们也很难用下面的方式将计划写下来：在出现纠纷的时候，外部权威（比如法院）能够明确这些计划是什么意思并强制加以执行。在不完全契约思想的基础上，GHM 理论提出了“剩余控制权”（residual rights of control）的概念。在契约中，可预见、可实施的权利对资源配置并不重要，真正重要的是那些契约中未被加以规定的资产用途的决策权力，即剩余控制权；资产的剩余控制权即资产的所有权。资产所有权以及资产结构之所以会对公司治理产生重要的影响，原因就在于在不完全契约条件下剩余控制权配置具有重要性。

（2）企业所有权配置与企业的边界。为了解释这一问题，GHM 理论区分了特定权利和剩余权利。特定权利是指在合约中被明确规定的权利，而没有被明确规定的权利就是剩余权利。不完全契约理论提出，企业与市场的区别不是由特定权利或剩余收入索取权的分布决定的，而是由剩余控制权的分布决定的。市场意味着剩余控制权在交易双方中是对称分布的，而企业意味着剩余控制权的非对称分布。当两个经济行为主体进入一种交易关系，财产将被用来创造收入，而要在契约中列出所有关于财产的特殊权利费用极高时，最合适的做法就是一方将另一方兼并，即一方把另一方的剩余权利都购买下来。但在存在关系专用性投资的场合，由于剩余控制权带来的租金能够为关系专用性投资带来回报，因此，剩余权利对购买方来说是一种收益，对另一方却是一种损失；对购买方的关系专用性投资产生了激励，对另一方的关系专用性投资却产生了抑制。这就不可避免地造成激励机制的扭曲。因此，一种有效率的剩余权利的配置必须是购买者因激励而获得的收益能够充分弥补售出者因激励而造成的损失；投资行为中最重要的一方应当取得剩余权利的所有权，即资产的剩余控制权。

基于不完全契约的观点，哈特、施莱弗和维什尼在《政府的适当规模》（Hart，Shleifer & Vishny，1997）一文中探讨了企业在民营化和国有化之间的选择问题。在完全契约模型中，公共或私人所有权无关紧要，因为政府和公司之间的关系可以在详细的激励契约中得到完美解决。与此相反，当契约不完全时，所有者的身份之间变得高度相关，因为所有者保留了剩余的控制权。在哈特－施莱弗－维什尼理论中，假定：政府关心生产效率，也关心服务质量，但是，服务的质量难以在契约中被完备地指明，而私人厂商拥有按最低成本生产的激励。该理论研究表明，通常私人厂商想降低成本的动机过于强烈，这意味着当削减成本对服务质量的负面影响越大时，政府拥有所有权的倾向就越强。在政府公共所有权和私人所有权之间进行选择的关键，在于考虑私人部门降低成本的行为是否会带来服务质量的下降，而这些质量由于不完全契约的存在难以事先清楚地写进合约。当政府目标无法通过以“成本最小化”或“利润最大化”为目标的企业实现时（因为政府要企业实现这一点，必须与之签订一份完备的合同），政府就应该将企业“国有化”为政府机构或国有企业。

在现实中，公共所有权和私人所有权之间的边界并不明显。如果把“完全的政府所有权”和“完全的私人部门所有权”视为两个极端，那么在两个极端之间，实际上存在着连续的“光谱”，因为如果把“权力”定义为对资产用途的“剩余控制权”（Hart，1995），那么政府边界的扩大或占有资产的所有权就意味着政府控制着资产在正式合约之外的“剩余用途”——但这一控制通常是不完全的。第一，在完全的政府所有权下，政府直接接管了全部的资产，在任何交易中都可以决定合约之外的资产全部剩余用途。第二，在不完全的政府所有权下，政府往往不直接接管资产，而是通过规制或某种形式的“没收 – 返还”规则决定资产的用途，从而分享部分对资产用途的剩余决策。而在规制或“没收 – 返还”规则约定之外的状况，私人部门仍然有权决定资产的剩余用途。不难推断：在完全契约的条件下，这两种占有资产所有权的方式是没有任何区别的，因为政府可在规制合约或“没收 – 返还”的规则中列出所有的要求，使得该资产就像被自己直接接管了一样得到使用。而不完全契约使这两种方式产生了区别，并在“完全的政府所有权”和“完全的私人部门所有权”两个极端之间形成连续的“光谱”，并产生现实中的种种极其复杂的情况。

不完全契约与产权理论强调的是资产所有权结构对企业的治理效应。资产所有权结构之所以会产生治理效应，根本原因在于激励合同可能是“不完全”的。若交易费用较低、激励合同是完全的合同，不论谁是资产的所有者，知悉资产价值最大化方式的经济主体总能够通过一份完全合同间接控制资产，使之得到最优运用；但当激励合同是“不完全”时，将资产的剩余控制权赋予知悉资产价值最大化方式的经济主体，由其直接控制资产，对企业来说就是最佳的方案，从而产生治理效应。传统国有企业之所以经济效率低下，一个很重要的原因在于资产所有权结构的不合理，因为政府和国资委作为国有资产的实际控制者，其行政色彩浓厚的经营管理方式并不利于竞争性资产效率的发挥；以循规蹈矩和层层审批为特征的“行政官僚式”经营管理模式，也不能有效应对瞬息万变的竞争性市场状况，总是导致企业决策不及时。因此，按照不完全契约与产权理论，竞争性国有企业应比其他类型企业引入更多私营企业的经营管理模式，按一定的资产业务性质和在一定的限度内由民营资本方就国有资产的运用进行决策。只有这样，才能够充分激发竞争性国有企业的生产经营效率。

三、寻租与管制理论

寻租与管制理论从一开始关注的就是政府与企业之间的关系，试图回答政府与企业、市场之间应建立一种怎样的关系才能达到帕累托最优的状态。关于政府管制与寻租对企业经营和经济增长的影响，已有的研究观点主要分为“有害论”和“有益论”两种，与此同时，新近的研究主张“调和理论”。

（1）“有害论”的观点认为，由于政府是理性经济人，行政权力引起的管制和租金会导致经济中的资源从生产性部门流向非生产性部门，投入寻租的过程中，从而引发租金消散与生产专用性投资激励的降低，最终导致企业经营效率下降与经济增长的放缓。企业因生产经营效率的提高或企业家发现市场机会而产生的租金，反映了经济中总价值的增益；但企业在行政庇护下获得的租金，却只反映了既定总价值下的转移支付。前一种租金的竞争获取，会导致社会利益的增进；相反，对后一种利益的竞争，则会使非生产性支出增加、租金耗散，从而导致社会利益的减少。这一基准理论框架由塔洛克（Tullock，1967）和克鲁格（Krueger，1974）构建。

在现实中，寻租导致的租金消散在不同领域有不同的具体表现形式，国内外在这方面都已有大量的实证研究。从国际上的一般经验来看，管制租金的形成及其导致的寻租行为，总体上会降低企业经营效率和社会的经济增长能力。伊克巴尔和戴利（Iqbal & Daly，2014）对发展中国家或转轨国家的数据研究发现，对寻租行为的控制以及企业对政府部门寻租行为的规避水平，对经济增长有显著的正向影响。施瓦布和沃克（Schwab & Werker，2018）对多国制造业数据研究发现，产业中的租金会弱化制度功能，从而对该产业的平均劳动生产率增长产生显著的负向影响。Chen 等（2011）以中国为对象的研究也发现，在政府拥有较大行政自由裁量权的地区，企业会投入更多的资源去建立与政府的关系，从而导致资源向非生产性用途转移。康妮和陈林（2017）以 1998—2007 年中国规模以上工业企业为对象，研究发现政府的行政垄断保护会显著提高企业的生存风险，且该效应是通过降低企业的生产经营效率和创新能力产生的。陈骏和徐捍军（2019）关于上市公司寻租行为的研究发现，采取寻租行为的企业会进行向下的盈余管理，从而降低企业财务报告的质量。

沿着“塔洛克-克鲁格”开创的基准理论，有大量的研究基于博弈论的方法探讨了“寻租竞争”（rent seeking contest）行为及其引致的非生产性支出的影响。这类描绘寻租竞争的理论模型①尽管直观地刻画了经济主体通过非生产性支出竞争获取因管制而产生的租金，导致“租值消散”（rent dissipation）的现象，但是，这类理论模型都假定了租金来源的对象，即假定了政府对谁实施管制，而租金又由谁来竞争性地获取。对于一个完备的寻租理论来说，放松这一假定是绝对有必要的，因为在管制权力的拥有者那里，“权力”正是待价而沽的商品，是其最大化自身利益的手段；当允许权力拥有者选择管制和创设租金的对象时，只要交易费用为零、合约是完备的，以租金最大化为目标的权力所有者理应会选择使租值消散最小化、可获净租金最大化的情形，并以此为依据选择管制和创设租金的对象。

（2）“有益论”的观点包括两类。第一类观点认为，政府寻租实质上意味着行政权力作为“商品”被置于市场上交易，当总体制度框架难以在短期内得到改善时，受管制的市场主体通过支付“买路钱”可规避低效的管制。只要规避管制产生的总剩余足以弥补向政府支付的“买路钱”，且不会引起生产专用性投资激励的大幅降低，那么寻租只会导致租金向政府转移，而不会降低市场总体的效率。这通常出现在市场经济转轨初期的发展中国家。但随着经济从粗放式的资源投入型增长转向依赖创新活动的集约型增长，专用性资产对于增长的重要性不断提高，“买路钱”式寻租带来的收益会急剧下降。麦克切斯尼（McChesney，1987）最早在理论上提出了这一观点，随后的大量实证研究也证明了上述现象的存在。黄少安和赵建（2009）研究发现，在短期内，寻租行为和生产行为之间具有一定的互补性，因此，政府与企业分享租金能够促进经济的增长；但从长期来看，由于租金消散挤出了资本的积累，经济体系无法实现稳态的均衡增长。张璇等（2016）研究发现，企业寻租有利于缓解过重的税费负担对企业成长造成的负面影响，但这种行政庇护的“润滑剂”作用主要表现在低成长度的企业，对于高成长度的企业并不明显。王明涛和谢建国（2019）基于2001—2013年中国制造业企业数据的研究发现，企业的寻租行为会为其带来更高的超额回报，并且企业所在地区的市场分割程度越高，寻租

① 有关该类理论的基准框架以及详细综述，可参阅 Appelbaum & Katz（1987），Ngo Van Long（2013）的研究。

带来的超额回报增益越少。此外，机制检验发现：在市场分割越严重的地区，寻租对企业生产性投资的负面影响越大；寻租和市场分割会降低企业税费负担，从而提升企业的超额回报。实际上，从基本的理论框架来看，“有益论”的第一种观点与“有害论”是一致的，都强调寻租会引起租金消散与专用性投资激励的下降，但前者更进一步地注意到“寻租是相互的”这个事实，指出了通过寻租规避管制从而导致有效率结果的可能性。在这种状况下，政府的寻租相当于允许市场通过向政府支付在增长过程中获得的租金，促使政府执行“强化市场”（market-augmenting）的政策措施（Olson，2005）。

“有益论”的第二类观点更加彻底地认为，在一定条件下，政府最大化租金收入的目标与社会总产出最大化的目标在很大程度上是一致的。这意味着在某些情况下，一个拥有巨大行政权力的政府，只要能够比社会和消费者以更低成本识别有效率的企业“资质”及生产经营方式，并协调企业组织间的决策，那么管制和寻租反而可能是提升企业生产经营效率、推动产业结构转型和经济增长的重要力量。这种观点尤其体现在以20世纪“东亚经济奇迹”和中国改革开放为对象的大量研究中。这方面的代表性理论是青木昌彦等（1998）提出的“市场增进论”。该理论区分了租金的两种形式，分别是“政策性租金”和“相机性租金”，前者指“在市场过程中政府干预所形成的”租金，后者则指其最终实现视表现或结果而定的租金。政府能够通过积极设置相机性租金，引导企业的分散决策和无序竞争行为，为市场机制运行提供有效而稳固的制度框架。[①] 金滢基和马骏（1998）以东亚的石化工业发展为研究对象，为“市场增进论”提供了有力支持。该研究发现，在东亚新兴经济体中，政府创造的租金并未像经济

---

① 青木昌彦等（1998）的“市场增进论”认为，“政府最积极的作用在于增强和发展每个人的意志行使能力和经济活动能力，并且以一种更具竞争性却有序的方式协调其分散的决策，而不是被动地加以指导或使之无序竞争。总之，政府能够为市场机制的发展提供稳固的制度框架，最充分地利用人们的动力和信息”（第8页）。“与将政府和市场看作是可相互替代的资源配置机制的传统观点不同，我们认为，政府是经济体系中不可或缺的一部分：有时作为其他制度要素（例如民间组织、市场和各种中介机构）的替代物，有时又作为它们的补充”（第13页）。“在东亚国家，尽管政府对经济的干预程度很高，但其公共部门的规模相对于西方的标准来说却是很小的。政府的作用不是为了替代，而是为了促进民间部门的协调”（第22页）。（详见青木昌彦、金滢基、奥野－藤原正宽主编《政府在东亚经济发展中的作用——比较制度分析》，中国经济出版社1998年版）

学家普遍认为的那样导致了大量的非生产性资源浪费，原因在于虽然政府创造了租金，但政府也能够积极限制租金向非生产性用途转移，从而创造更大的价值。该研究的一般结论表明，在技术引进的发展起始阶段，由于部分产业具有巨大的固定成本投入和规模经济，且政府对产业的需求前景和成本、技术要求的信息相对较清楚，那么政府以管制创造市场租金的行为就能够有效克服市场失灵，政府通过设置各种进入市场的技术条款，引导非生产性的寻租投入转变为生产性的寻租投入，从而提升企业绩效和促进经济增长。

（3）新近的研究主张“调和理论”。不少新近的研究发现，寻租的两种效应都是在现实中存在的，只是两种效应发挥作用的场合存在不一致性。例如，闭明雄和杨春学（2017）关于政府自由裁量权经济效应的研究提出，当行政权力用于保护生产者以及生产性投资的时候，就能提高社会的经济绩效；反之，当行政权力用于保护非生产者以及非生产性投入的时候，则会降低社会的经济绩效。李捷瑜和黄宇丰（2010）基于“商业环境和企业绩效调查”（business environment and enterprise performance survey，BEEPS）的27个转型经济国家数据研究发现，企业缴纳的贿赂占总销售额的比例越高，企业的销售增长越快；而这在非转型经济国家中并不明显。刘锦和张三保（2019）对行政许可与企业腐败行为关系的研究发现，行政许可权力的运用存在积极的“润滑剂”效应和消极的滥用效应，两者分别对企业效率产生正向和负向影响；而通过实证研究发现，企业申请的行政许可数量与企业在非生产性用途上耗费的资源存在显著的正向关系，并且法制环境较好时，该正向关系会减弱。

尹振东和聂辉华（2020）运用博弈论方法探讨了行政权力寻租与经济增长之间的关系。该研究认为，在不合规技术带来的负外部性相对较小的场合，政府会通过寻租与企业合谋，使企业绕开管制，进而带动经济增长；当不合规技术导致较大的负外部性，从而抵消了政府从经济增长中获得的收益时，“政企合谋”就会被禁止，企业会遵从管制使用合规技术，但这同时也会降低经济增长率。该理论的不足之处主要有两点：第一，模型是在“完全契约”的假定下构建的，政府对企业订立的合规条款没有合约成本，且政府的规制权力是假定为政府所有的，因此无法讨论权力配置的效率问题。第二，没有注意到寻租具有“相互性”这一事实——正如在科斯定理中外部性具有“相互性”一样，在寻租理论中，“寻租”也是“相互的”。在该理论中，即使“政企合谋”因不合规技术的较大负外部性而被终止，寻租的租金仍可能来源于受不合规技术损害的企业或个人。这意味着，政府只要仍然拥有管制权力，且受损企业和个人能开出更高“价码”以收买权力，合规技术也会在“政企合谋”的情况下被采用，但此时合谋发生在政府与受损者之间，而非政府与采用不合规技术的企业之间；政府的权力在两种状况中都一样大，行政权力的寻租也始终是有效率的。总之，该理论并没有解释行政权力寻租本身有效与无效的转变条件，仅仅说明了政府向特定对象寻租的有效性条件，没有注意到寻租的“相互性”这个事实，因此无法在此基础上构建一个完整的寻租理论。Yu-Bong Lai（2020）也采用博弈论的方法研究了寻租对生产效率的影响。他认为，政府面临社会整体利益最大化与租金收入最大化两个目标，这意味着，尽管政府的管制或补贴能给企业带来提升生产效率的激励，但生产效率的提高也刺激了政府去获得更大的租金收入——寻租对生产效率的影响取决于这两种效应谁更占优势。当政府赋予租金最大化目标以更大的权重时，寻租就会抑制生产效率的提高；相反，当政府赋予社会整体利益最大化以更大的权重时，寻租就能反过来激励生产效率的提高。该理论实际上与前面提到的闭明雄和杨春学在 2017 年发表的研究是一致的，二者没有本质上的区别。这一理论存在的问题主要是人为假定了“社会整体利益最大化”与“租金收入最大化”是政府面临的两个相互冲突的目标。这两个目标之间之所以会存在冲突，原因恰恰在于作者假定了政府要求的租金是一笔不带附加条款的、纯掠夺性的收益。但实际上，通过本章的研究能知道，在完全契约的条件下，对于以租金最大化为目标的政府，通过附加条款使得租金与社会整体利益保持一致，才是实现租金最大化的途径；“社会整体利益最大化”与“租金收入最大化”两个目标之间的冲突，根本原因在于交易费用的存在以及契约的不完全性。

实际上，在不完全契约理论的框架下对寻租进行研究可发现，“有害论”和“有益论”的观点都能够被置于相同的框架下进行解释。黄晓光、李胜兰和黎天元（2020）的研究提出了这样的观点：在交易费用为零的完全契约条件下，无论是企业通过改善生产经营效率获得市场上的租金，还是政府通过行政保护帮助企业获取租金并向企业寻租，产生的结果是一样的。其原因在于：政府为获取最大化的寻租收益，必然会向企业提出改善生产经营效率的要求作为寻租合约的“条款”，这一完备的“寻租合约”将使得两种状况下的企业行为一致，相同企业在两种状况下也将具有相同的资质。这一理论实际上是运用科斯定理（Coase，1960）的直接结果。但在交易费用大于零的不完全契约条件下，若存在无法合约化的生产专用性投资，那么相比帕累托最优的状况，寻租会导致较低的生产专用性投资，因成本降低而导致的产出增加也会较小。对该命题最直观的解释是：谁能够以最低交易费用趋于完全契约下的最优，谁就应该决定最终获得市场租金的企业应该符合怎样的资质。因此，由政府决定企业资质并获取寻租收益未必是低效率的，相应地，完全由市场来决定企业资质也未必具有高效率。例如，食物药品安全检测通常由具备技术能力的专业化公共部门在事前进行，因为由分散的、非专业的消费者来进行检测或通过“市场试错”的方式排除不合格的产品和企业，交易费用极为高昂，甚至需要以生命安全为代价。但是，一双鞋合穿与否、款式是否合意之类的市场选择，由消费者自身来实施检测要比通过政府实施更为经济有效。也就是说，政府通过事前的行政许可和事中、事后的监管来选择产品和生产者，实际上应被视作是高代价市场竞争机制的一个替代；只要这个替代能带来更大的收益，那么引入政府的管制，或者通过国有企业甚至公务员来进行生产经营，就是经济的、有效率的，否则就应该把事情交给市场去做。这意味着在交易费用大于零的不完全契约场合，政府寻租及其附带的资质条款就会导致政府利益和社会公共利益的偏离。这一研究结论为我们在现实中处理政府与企业关系问题提供了重要基础，也是一个理解国有企业治理特别是外部治理的有用框架。

四、企业理论

（一）企业的本质与起源

在现代企业理论诞生之前，经济学家们就已经对企业的本质与起源进行了一些探索，但其理论并不完善，其中比较有代表性的是新古典经济学的黑箱理论和奥地利学派的创新理论。在新古典经济学中，企业被假定为抽象的、天然存在的、黑箱式的生产函数，输入生产要素，输出商品。企业家选择生产技术，使成本最小化。将企业假定为天然存在，大大简化了经济问题，但这种过于简单抽象的假设难以给出令人信服的解释。随着企业的地位越发重要，经济学家们开始试图打开企业的黑箱。（卢现祥，

2004）奥地利学派的熊彼特（Schumpeter，1934）将企业看作企业家创新的机制。企业家天生就是要创新，通过使用新的技术，发现新的市场，创造新的组织方式等手段引入新的生产函数，以此在非均衡环境中获得利润。

现代企业理论对企业的本质与起源这一问题进行了更深入细致、科学的研究。科斯（Coase）于1937年发表的《企业的性质》标志着现代企业理论的开创，此后现代企业理论一直在不断完善与发展。对于企业的起源问题，现代企业理论主要使用交易费用及其衍生概念来解释。科斯（1937）提出了交易费用的概念，认为当企业组织交易的费用小于市场组织交易的费用时，企业就出现了，即企业的本质特征是对市场价格机制的替代。市场价格机制的运行不是零成本的，市场运行也存在交易费用。企业的出现是用管理协调来代替市场协调并降低成本的必然结果。张五常在《企业的合约性质》（1983）一文中指出，把企业视为市场的替代物是不确切的，他认为是企业这种契约形式取代市场这种契约形式，是用劳动力市场替代中间产品市场。这一观点被认为是对科斯（1937）企业理论的重要发展。杨小凯和黄有光（1999）提出的“超边际分析”理论用精细化数学模型来表述和发展科斯（1937）和张五常（1983）的企业理论，将生产效率和交易效率相结合，弥补了之前理论的不足。

随着交易费用理论和契约理论的不断发展，现代企业理论关于企业本质的论述也一直在不断丰富和完善。科斯（1937）认为，企业是一系列契约关系所构成的联合体，其本质是各生产要素所有者间契约的集束，企业是这些契约的建立与执行的总和。“企业本质上是有助于契约安排的选择”，企业的产生就是用“一个契约代替一系列契约”，用“一个长期契约代替一些短期契约”。减少契约可以降低风险，节约交易费用，促使人们以企业代替市场。周其仁（1996）将科斯的观点总结为：企业用一个市场契约替代一系列市场契约，企业因为可以节约交易费用而出现。威廉姆森（Williamson，1975）、克莱因等（Klein et al.，1978）继承了科斯的观点，他们指出企业是节约交易费用的一种模式，一项交易要选择交易成本最小的“治理结构”。威廉姆森（1975）从资产专用性、机会主义和人的有限理性三个角度分析了交易费用产生的原因，并以交易作为分析的基本单位，提出从交易频率、资产专用性和交易不确定性三个维度描述交易。格罗斯曼（Grossman）和哈特（1986）建立了一个所有权结构的模型，发现当确定所有特殊权力的成本过高而合约不能完全时，所有权具有重要意义。他们认为只有从物质资产角度定义企业才有解释力。企业由其所拥有的资产（如存货、机器）所组成，企业的本质是物质资产的集合体。阿尔钦和德姆塞茨（1972）提出了企业的团队生产理论，否定企业契约和市场契约之间存在的权威性差别。他们把企业视为一种团队生产方式，将企业的特征定义为通过命令、权威或约束行动解决问题，是一种错觉。企业无非是一种契约安排，其本质是生产的团队性质。

（二）企业的边界与规模

在现代企业理论之前，新古典经济学将企业边界的分析等同于企业规模的分析，主要从技术和要素的不可分性的角度解释企业规模（边界）的决定。由于新古典经济学认为企业的本质是将投入转化为产出的生产技术黑箱，因而企业规模也唯一取决于生产技术，企业的最优规模在长期平均成本曲线的最低点。（卢现祥，2004）

现代企业理论主要从交易费用、治理结构的成本收益、纵向一体化的成本收益等角度分析企业的边界与规模。科斯（1937）以交易为分析基本单位，以替代分析与马歇尔边际分析为方法，以交易费用为基础，来分析企业的边界。如果企业组织的交易费用比市场组织的交易费用低，那么企业就会出现。企业和市场只不过是配置资源的两种替代手段，其不同表现为：市场上，资源配置由价格调节；企业内，资源配置通过管理协调来完成。企业的边界由交易费用决定，企业内部交易费用低于在市场上交易的费用时，企业规模扩大，边界则得以扩展，直至企业与市场的交易费用相等为止。威廉姆森（1975）则是通过比较不同治理结构在交易治理中的成本收益来确定其边界。他认为企业的边界取决于企业这种治理结构的成本收益权衡。随着企业规模扩大，企业内部管理层次的增加会导致企业内部因信息传递偏差而产生损失，所以企业无法无限扩张。格罗斯曼和哈特（1986）、哈特和莫尔（1990）等产权经济学家认为企业的边界取决于纵向一体化的成本收益权衡，纵向一体化的决策决定了企业的边界。当一体化的收益超过其成本时，企业就会实施一体化以扩张其规模和边界；反之，当一体化的收益低于其成本时，企业就会维持不变的规模和边界。

五、契约理论

（一）新古典契约理论

契约是双方或多方当事人达成的一种协议或约定，如合同。但契约比合同范围更广。现实中，契约有长期或短期之分，正式或非正式之分，显性或隐性之分。狭义上，商品或劳务交易都属于契约。广义上，法律、制度也都属于契约。

早在新古典经济学时期，就已经出现了对契约的研究。新古典契约理论主要关注供求不平衡的调整以及契约的不确定性等问题。瓦尔拉斯（Walras，1874）研究得出了契约模型，其契约思想体现在完全竞争的市场上：当供给和需求不平衡时，由于保留了市场参与者重新签订契约的权力，参与者可调整价格重新签订契约，契约价格由商品的供求决定。当所有商品的价格都相等时，市场均衡产生。埃奇沃斯（Edgeworth，1881）建构了历史上第一个系统的契约理论，并且提出了契约不确定性思想。他假定市场参与者在签订了契约之后，如果找到了更好的机会，可以放弃原有契约，签订新契约，并且这种过程可以反复进行，直到交易双方都感到满意而不再签订新契约为止，此时市场达到均衡，所有交易同时完成。阿罗和德布鲁（Arrow & Debreu，1954）发展了埃奇沃斯不确定性的思想，创立了一套交易理论概念体系：阿罗－德布鲁模型。此模型为契约理论研究提供了一套理论上的范式。总体来看，新古典经济学家关于契约基本特征的观点是一致的，都认为其具备抽象性、完全性、不确定性等特点（卢现祥，2012）。

（二）完全契约理论

现代契约理论是在新古典契约理论的基础上发展起来的，其开端是科斯于1937年发表的经典论文《企业的性质》。科斯（1937）指出，由于预测的困难，关于商品或劳务供给的契约期限越长，那么对买方来说，明确规定对方该干什么就越不可能，也越不合适。科斯已经从契约的角度来理解交易，并且认为如果契约越不完全，那么企业替代市场的可能性越大。此后，契约理论出现了两个发展方向：一个是完全契约理论，另一个是不完全契约理论。

完全契约理论认为，企业和市场没有本质区别，只不过是不同的契约形式；委托人和代理人都能预见到未来所有的可能出现的状况，同时制订出最优的风险分担方案，设计最佳的收入转移机制以实现约束条件下的次优效率（聂辉华，2017）。

完全契约理论被广泛地应用在现代企业理论、委托代理等问题的研究中。阿尔钦和德姆塞茨（1972）不同意科斯“企业的本质是对市场的替代”的论断，他们认为企业和市场都是一种契约，二者没有本质区别。企业的本质是一种团队生产，团队生产的核心问题是对代理人努力的测度及代理人“搭便车”的道德风险问题。詹森和麦克林（1976）把企业视为一种法律虚构物、一种契约联结（nexus of contracts），企业的特征是其资产和现金流上可分割的剩余索取权。20 世纪 70 年代，随着博弈论和信息经济学的发展，霍姆斯特姆（Holmstrom，1979）建立了多代理人道德风险模型的基本框架。此后，Fama（1980）、Radner（1981）等人将静态契约理论拓展到动态契约理论，将代理人声誉效应以及委托人承诺问题引入长期契约。

（三）不完全契约理论

不完全契约理论的主要观点是：契约是不完全的，资产专用性和当事人的有限理性会导致“敲竹杠”问题的产生。可以采取产权安排来实现次优效率；产权形式的变化会导致企业边界的变化，因此，企业和市场并不相同。

不完全契约理论主要关注契约不完全条件下交易人的行为、产生的问题、应对措施以及选择。科斯认为契约期限越长，越不完全，即契约无法制订详尽的条款。如果契约不完全，专用性投资会使当事人面临投资导致的准租金被另一方攫取的风险，即“敲竹杠”问题。（聂辉华，2017）Klein 等（1978）认为，纵向一体化（integration）是解决企业间的“敲竹杠”问题的方法。威廉姆森（1985）从资产专用性、交易频率和交易不确定性三个维度衡量交易费用，指出不同类型的交易应采用对应的治理结构，构建了一个交易费用框架。哈特等（Grossman & Hart，1986；Hart & Moore，1990）指出，威廉姆森忽视了产权的成本，其通过研究构建了一个形式化的企业产权理论（property-rights theory of the firm），成为不完全契约理论的基础分析框架。此后，为了回应完全契约理论经济学家的质疑，哈特和莫尔（2008）将行为经济学的因素引入经典的契约理论框架，重新解释了契约和企业的产权，开创了第二代不完全契约理论和产权理论。他们提出的“参照点合同”理论将契约解释为一种在竞争性环境下达成的事前的参照点（reference point）。如果交易者在事后获得了应得的权利，即交易是公平的，就会履约，否则就会采取投机行为（shading）进行报复。刚性契约能够更好地保护交易者的权利，但其缺乏灵活性，会导致有效交易机会的减少。因此，最优契约是在保护交易者权利和扩大交易机会之间的一种权衡。

第三节　公司治理相关研究

一、公司治理的概念

公司治理的概念可以分为狭义与广义两个层面。狭义的公司治理是指用一种制度安排来合理地界定和配置股东与经理层的责权利关系（李维安，2016）。从委托代理的视角来看，公司治理就是研究股东如何从经理层那里取回收益的机制（Shleifer & Vishny，1997）。它主要解决因所有权与控制权相分离而产生的代理问题（Hart，1995），其目的是使所有者与经营者利益一致，确保股东利益的最大化，防止经营者对所有者利益的背离，聚焦董事会、监事会等的功能、结构，股东的权利等方面的制度安排（Blair，1996）。广义的公司治理不仅界定经理层与股东间的关系，而且包括企业与其所有利益相关者的关系，它是关于企业组织方式、控制机制、利益分配的一系列法律、文化、制度性安排（宋言东，2008），用以保证公司决策的科学有效性（李维安，2016），支配若干在企业中有重大利害关系的团体，实现各自的经济利益（钱颖一，1995）。现代公司的很多基本关系问题不在于股东和经理层间的关系问题，而在于股东间的关系问题（何亚东、曾刚，2002）。

二、现代公司的类型与面临的治理问题

现代公司按照所有权结构主要可以分为代理型公司与剥夺型公司。公司治理问题的逻辑起点是股权结构。在不同股权结构下，公司治理面临的根本问题并不相同。

在分散股权结构下，代理型公司治理的根本问题是分散股东和经理层间的利益冲突。在20世纪相关的研究理论中，公司治理的典型化事实是英美国家公司的股权结构高度分散、公司的经理层持股比例非常小、管理层与股东的利益有很大差异（Stigler & Friedland，1983）。代理型公司的重要特点是所有权与经营权的高度分离，经理层作为代理人，股东作为委托人，双方签订了委托代理合同，股东作为公司的终极所有人，并不参与公司的日常经营，而是将其交给代理人，由他们支配公司的财产，负责公司的经营决策、处理公司的日常事务（胡晓静，2007）。因此，公司治理的根本问题是众多股东与管理层之间的利益协调问题（陈仕华、郑文全，2010）。如果经理层不持有公司100%的股权，其利益就可能会与委托人的利益不一致，就有动机去乱用公司资源为自己牟利，也缺少激励去使股东利益最大化。因此，委托人（股东）必须付出一些成本来解决这些问题，如建立独立董事制度、雇用审计人员等；要求代理人接受风险更高的工资或者要求代理人拥有公司更多的所有权等的承诺成本，以及代行决策产生的损失成本（Jensen & Meckling，1976）。除了所有权与管理权的分离，导致公司治理出现问题的原因还包括无法建立完全事前有效的代理契约形式、经理层与股东时间偏好的不一致、经理层和股东风险偏好的不一致以及代理问题中普遍存在的“搭便车”问题（姜国华等，2006）。

实证研究总体上支持了公司治理中广泛存在着代理问题。经理层的薪酬和公司业绩表现关系并不显著，但是对公司规模非常敏感（Jensen & Murphy，1990）。投资者不需要公司分散化降低非系统性风险，但大量实证研究表明公司的分散化减少了公司的价值（Lins & Servaes，1999）。实证研究表明收购中也有大量的代理问题存在。当经理层持有权较弱时，经理层会阻碍增加公司价值的收购（Walking & Long，1984）。施莱弗和维什尼（1997）认为经理层阻碍收购不是为了股东利益，而是为了个人控制利益。

剥夺型公司面临的公司治理主要问题是大股东对小股东利益的侵害。剥夺型公司中控股股东和小股东间的利益冲突超越了股东与经理层间的利益冲突，成为根本问题（Claessens & Fan，2003）。21 世纪以来，亚洲金融危机和安然公司事件的爆发，使公司治理领域有了全新的发展，对企业集团、剥夺型公司治理的研究成为热点。欧洲与东亚等地区的公司通常存在控股股东，因此，它们隶属于企业集团，并非独立实体。所以对存在控股股东的公司而言，公司治理不是单个公司的孤立行为，而是嵌于企业集团之中，需要从企业间的层面来研究公司治理问题（Khanna & Yafeh，2007）。控股股东通过金字塔结构（控股股东间接通过一家公司来控制上市公司）、交叉持股（上市公司也持有控股股东的股份）或指派管理者（上市公司的高管来自控股股东）等方式控制公司（Faccio & Lang，2002）。当大股东拥有控制权时，大股东从公司榨取资源，只承担部分代价（现金流权的比例），却可以获得全部收益。因此，中小股东面临着控股股东剥夺他们利益的“壕沟”行为，即大股东将资源从公司转移出去，如用关联交易，销售资产、货物、服务等方式从公司榨取现金，从公司获得优惠贷款，以低价得到增发股份以稀释中小股东权益等（Johnson et al.，2000）。控制权和现金流权间分离的加剧会导致所有权集中的壕沟效应的加剧。对中小股东权益潜在的剥夺，是控制权价值的最重要组成部分。如果控股股东增加所持股份，或对公司进行私有化，控制权和现金流权间的分离会减缓，能够减缓“壕沟”问题。同时，当控股股东对剩余现金流权有很大的索取权时，会有很强的激励去最大化公司的利润，此为激励效应。因此，大股东持有公司较大的现金流权是不会剥夺中小股东的一个可信保证（李艳荣，2007）。

同时，实证研究总体上支持了上述理论。如 Claessens 等（2000）将 8 个国家的 1301 个上市公司作为样本，研究发现当公司大股东的现金流权增强时，公司的价值会上升；当大股东的控制权超过现金流权时，公司的价值会下降；大股东控制权和现金流权之间的分离度与公司股价折价正相关。Joh（2003）以亚洲金融危机前韩国的公司为样本，实证发现公司的会计绩效与所有权的集中度成正比，而与控制权和现金流权之间的分离度成反比，在经济不好的年份，效应更明显。孙永祥、黄祖辉（1999）研究了上市公司的股权结构与绩效，研究发现大股东持股比例和公司托宾 Q 值成倒“U”型的关系。杜莹和刘立国（2002）的研究支持其结论，并发现当大股东集中持股比例为53%～55%时，公司的价值最高。陈小悦、徐晓东（2001）研究发现在非保护性行业内，企业业绩是大股东持股比例的增函数。

第四节　混合所有制改革相关研究文献

一、混合所有制的概念

混合所有制包括宏观和微观两个层面。从宏观经济的层面看，混合所有制经济通常是指一个国家或地区之内企业所有权的多元化和混合性的经济结构。不同类型的所有权利用供求关系来形成宏观经济关系，目前，我国把以公有制经济为主体、多种所有制经济共同发展作为中国特色社会主义国家企业混合所有制的基本结构。从微观的经济层面看，混合所有制的经济关系指企业拥有两种或两种以上不同性质的资本。本书研究的是微观层面的混合所有制。张喜亮（2014）认为，所谓“混合所有制经济”本质上是指股权多元化的经济单位或组织，具体来说就是投资资本人的多元化。吴爱存（2014）指出，发展混合所有制就是引入外部的资源，实现股权的多元化。

二、国有企业混合所有制改革的动因

国有企业混合所有制改革的直接动因是要从明晰产权和完善市场竞争机制方面完善我国基本经济制度，既激发国有企业的生产经营活力，又给予民营企业充分的蓬勃发展空间。早期关于我国混合所有制改革的动因分析主要涉及产权理论和公平竞争理论两大类。产权理论最早由科斯（1960）提出，其从企业的产权出发分析了私有和国有产权在利润激励上的差异，得出国有企业产权结构不清晰造成了经营者对提高企业利润和价值的动机不强烈，进而造成效率低下的结论。吴敬琏（1993）认为，国有企业所有权和控制权的分离会导致严重的代理问题，应当对大中型国有企

业进行产权改革，实现公有产权的重组。张维迎（1995，1999）也认为国有产权是国有企业改革中的重点，并从企业内部斗争的角度阐述了国有企业改革的必要性。公平竞争理论认为，国有企业之所以效率比较低下，是因为“政策性负担”导致企业预算软约束问题。林毅夫等（2004）对国有企业发生“预算软约束”时的现象进行了分析，认为导致国有企业“高投入、低产出”的窘境并非本身的所有制设计，而是企业在发展过程中承担了过多的“政策性负担”，因而国有企业改革的首要任务是降低其承担的非经济性责任。

此外，社会和政治环境、企业对提升资本运行效率及完善公司治理的诉求等因素也是混合所有制改革的重要动因。郑志刚（2015）通过梳理国有企业混合所有制改革的历史逻辑指出，当下社会公众对于国有资本垄断经营及其所带来的不公平竞争表现出不满情绪，实现国有企业混合所有制改革则能有效改善市场中的不公平现象并且为民营企业争取更多的收益。其同时也指出，在我国之前实行的股份合作制和改制上市的国有企业推行改革举措的背景下，实行国有企业混合所有制改革则是国有企业完成资本社会化的延续。李政（2018）认为我国国有企业在发展过程中存在的问题（如运行效率低下、缺乏市场竞争力和活力）必须得以正视，混合所有制改革就是解决这些问题的尝试。罗良文、梁圣蓉（2016）通过研究发现目前我国国有企业中政企不分、政资不分的现象仍较普遍，并且衍生出政府过多干预、委托链条过长、治理机制不适应市场规律等一系列负面问题。因此，应通过国有企业混合所有制改革，完善国有企业现代企业治理结构。

三、混合所有制改革的路径

关于混合所有制改革路径的研究主要包括两个方面：一是如何实现股权结构的优化，二是如何完善公司的治理机制。

（一）实现股权结构优化方面

罗良文、梁圣蓉（2016）认为国有企业混合所有制改革可以从以下五个方面进行：积极推进整体上市；推进股份制改造；探索成立发展基金；全面开放项目合作；着力推进员工持股。张凌（2016）在回顾国有企业混合所有制改革的历程基础上，阐述了国有企业推进混合所有制改革的两种主要途径——资产重组和员工持股，其中，资产重组包括产权转让、增资扩股、股份制及整体上市。贺可通（2017）将国有企业混合所有制改革路径分为外部和内部两种形式。外部形式包括合作合资、联合兼并、引入战略投资者、进入新领域、联合组建基金会以及上市募股；内部形式为企业员工持股计划。巩娜（2018）对已进行国有企业混合所有制改革的国有企业所公开的改革方案进行归纳总结，大致可分为董事会试点改革、对外兼并收购、引入战略投资者/民营资本、公司制改革/重组 + 上市、员工持股计划、合资合营和资产证券化 7 种模式。周丽莎（2018）认为，国有企业混合所有制改革的路径是国有资产证券化的具体形式，包括集团整体上市或核心资产化、资产重组、引入战略投资者以及员工持股和股权激励。

（二）完善公司治理机制方面

李秉祥（2016）从公司治理角度出发，认为优化股权设计是国有企业混合所有制改革的基础，科学合理的控制权配置是国有企业混合所有制改革成功的先决条件，有效的经理层激励约束机制是释放国有企业改革活力的核心。云翀、魏楚伊（2017）通过回顾我国国有企业混合所有制改革的历程总结得失，提出我国国有企业应该从以下两个方面进行公司治理改革：一方面是改进国有企业利益引进机制，另一方面是完善国有企业信息披露制度。诺顿（Naughton，2017）通过对中国国有企业改革的相关研究得出，目前中国国有企业改革存在一定的挑战和问题，针对这些问题最有效的方式之一是减少政府对企业的政治干预，尤其是在高新技术行业中，政府应该尽可能减少对技术开放的过度控制，促进该行业提高创新动力。葛培健等（2018）基于当前国有企业存在政企不分、现代企业制度未健全等公司治理层面的问题，提出我国国有企业进行混合所有制改革应注重匹配与改革相对应的企业文化和制度环境。一方面，应该建立激励机制保障，比如推行职业经理人制度，由市场选聘经营管理者；另一方面，应建立约束机制保障，重点在于完善公司内部治理，发挥董事会与监事会的作用。王东京（2019）认为在“混资本”的同时应该还要“混机制”，即完善企业法人治理结构，包括合理进行政企分离、根据不同国有企业的类别制定有效的薪酬激励和约束措施。

四、混合所有制改革的效果

关于混合所有制改革与企业绩效之间的关系，部分学者认为两者之间并无因果关系。刘芍佳、李骥（1998）认为，提高企业绩效的决定性因素是竞争性的市场环境而非私有化；沈昊、杨梅英（2019）以招商局集团为案例，研究得出混合所有制改革引入非公企业股东的类型与时机对公司业绩和公司治理有较大影响，对公司效率起决定性作用的是要让市场在资源配置中起决定性作用，而国有控股的治理模式带来的不一定就是低效率。

从实证的角度出发，大多数学者发现混合所有制改革对企业绩效有显著的影响，但该影响因企业的性质、企业外部的制度环境、企业内部治理结构不同，存在较大的异质性。刘小玄、李莉英（2005）研究了451家企业1994—1999年企业股权结构变动的情况，得出企业国有股权比例的变化与企业全要素生产效率水平存在显著的负相关关系，即国有股份比例的增加会导致企业效率下降。怀娜、马健（2008）通过对2005年零售业上市公司截面数据研究分析得出，国有股权比例与企业绩效无显著影响。唐睿明、邱文峰（2014）通过对2011年创业板281家公司的数据实证研究得出，国有股权比例对公司绩效具有不显著的正向关系。田昆儒、蒋勇（2015）通过研究2003—2013年所有A股上市企业国有股权持股比例与公司绩效的关系得出，国有股权持股比例与公司绩效呈倒“U”型关系，国有绝对控股的混合所有制企业国有股权比例的最优区间为（74.56%，100%），国有相对控股的混合所有制企业国有股权比例的最优区间为（32.16%，43.98%）。蒋煦涵（2021）通过对上市公司数据研究发现，在充分竞争类国有企业中，混合所有制的引入能显著抑制过度投资并提高资本配置效率，但这在重要行业类国有企业中效果不显著；此外，在充分竞争类国有企业中，民营股东相比其他类型股东，对过度投资的抑制作用更强，能更好地提高企业的资本配置效率。肖土盛、孙瑞琦（2021）以2012—2019年A股国有上市公司为研究对象，研究发现母公司进行国有资本投资运营公司试点将显著提升其所属上市公司的会计绩效和市场绩效，该结论在进行一系列稳健性检验后仍然成立。通过进一步机制检验发现，国有资本投资运营公司改革试点主要通过放权机制（降低政府干预）、监督机制（降低代理成本）和激励机制（增加外部薪酬差距）影响企业绩效。李济含、刘淑莲（2021）以2007—2017年沪深上市公司为样本，研究发现混合所有制改革或非国有股东的引入能够有效提高企业并购效率，这一效应在竞争性国有企业和地方国有企业中表现得尤为明显。陈其安等（2021）针对公益性国有企业的混合所有制改革进行研究，发现非国有股东的引入在竞争性国有企业和公益性国有企业中间存在巨大的差异。作者选取2010—2018年的国有上市公司为样本，对国有企业公益性职能与所有权结构之间的关系进行实证检验。研究发现，低公益性国有企业应该引入不实质性参与公司治理的非国资大股东和中小股东参与混合所有制改革，承担较高公益性职能的国有企业应该选择国资股东、实质性参与公司治理的非国资大股东和中小股东共同持股的均衡所有权结构，承担很高公益性职能的国有企业应该国有独资经营。

新近的一些研究转向关注混合所有制改革对国有企业业绩增长、全要素生产率增长、金融资产配置、员工薪酬、投资效率等多维度特征的影响。张文魁（2005）研究得出，地方国有企业和中央国有企业相比更迫切希望能够开展混合所有制改革，同时，国有企业裁员等因素导致混合所有制改制后第一年的绩效有显著提升，在之后的年份，虽然也带来一定时间内绩效的提升，但是增长速率逐渐减缓。刘汉民等（2018）以我国央属上市公司中的混合所有制企业为样本，研究发现降低前五大股东中国有股占比对于提高企业绩效是有利的，但并不意味着过多提高非国有股占比能够提高企业绩效。王曙光、徐余江（2017）选取我国2005—2011年民营企业的相关数据为研究对象，从宏观和微观两个层面分别进行实证研究得出：宏观视角下的混合所有制改革即垄断领域向民营资本开放，这一举措对民营企业发展起到了极大的促进作用，其全要素生产率变化率等指标表现较好；在微观视角下，混合所有制改革表现为企业内部的股权混合。最终研究结论得出混合所有制企业绩效不一定明显优于民营企业。耿艳丽等（2021）以2007—2016年A股国有上市公司为研究样本，研究发现国有企业的混合所有制融合度和混合所有制多元化对公司内部薪酬差距存在正向影响，这一效应在竞争性国有企业中尤为明显。陈良银等（2021）的研究同样发现了这一现象。梁上坤、徐灿宇（2021）以2008—2017年中国A股国有上市公司为样本，研究发现国有企业混合所有制程度越高，金融资产配置越多；在融资约束程度较强的企业中，混合所有制的程度对金融资产配置的促进作用更显著，而企业逐利动机的强弱则对上述关系不产生显著影响。陈思宇等（2021）以中国工业企业数据库数据为研究对象，研究发现混合所有制改革通过剥离国有企业的政策性负担，硬化其预算约束，且行业竞争程度越高，混合所有制改革对国有企业预算约束的硬化作用就越明显，这说明混合所有制改革有助于减轻非国有企业（尤其是处于竞争性行业的非国有企业）的外部融资约束，表明混合所有制改革有助于消除要素市场的所有制歧视，促进市场公平竞争。陈曙光等（2021）选取2013—2019年沪深A股国有上市公司数据为研究对象，研究发现混合主体深入性和混合主体制衡度显著提升了国有企业投资效率，这说明混合所有制可通过降低委托代理成本提高国有企业的投资效率。

第五节　文献评述与本书的主要创新点

一、文献评述

在国有企业混合所有制改革领域，已有文献对混合所有制改革的内涵、动因、路径和效果等方面都进行了详尽的研究。已有研究的不足之处主要体现在以下四个方面。

（一）方法选择方面

现有文献对国有企业混合所有制改革的研究大多注重理论研究和实证分析，改革路径的研究多是通过对政策的梳理进行的理论探讨，改革效果则是偏向于对公司整体绩效的相关性实证研究，缺乏结合具体案例进行微观分析的研究。

（二）研究视角方面

在研究混合所有制改革效果的文献中，学者大多关注企业混合所有制改革前后的市场业绩表现，少有关注混合所有制对企业造成的其他长期影响。由于资本属性的不同，国有企业与民营企业的经营目的也不尽相同。因此，企业进行混合所有制改革的目的必然不单是提高企业的盈利能力，对企业混合所有制改革效果的评价也不能只看企业的盈利指标，还要充分考虑改革对我国的产业经济战略和企业发展的长期影响。

（三）理论分析方面

现有文献大多局限于当下的理论基础，主要关注传统的代理型公司与集团型公司的治理问题；而混合所有制改革企业往往并不适合被直接归为其中一类。此外，关于混合所有制改革企业的公司治理存在哪些问题，原有的国有企业治理机制如何改变才能满足国有企业和民营企业双方的利益，目前仍缺少充足的理论与实证的分析。

（四）政策实践方面

现有文献在研究混合所有制改革时大多停留在理论层面，缺乏实际操作方案，尤其是当混合所有制改革涉及集团公司以及在其控制之下的、业务构成复杂的各个子公司的时候。

二、本书的主要创新点

本书基于已有研究的不足，以竞争性国有企业的混合所有制改革为研究对象，梳理总结我国自改革开放以来国有企业改革的历史和现状，探讨我国国有企业改革在当前面临的主要问题和成因，特别是探讨我国竞争性国有企业面临的特殊问题及其原因，从外部制度构建与内部治理结构两方面为进一步深化竞争性国有企业混合所有制改革提出政策建议和具有可操作性的方案。具体来说，本书的创新点主要包括以下三个方面。

（一）研究内容

本书以竞争性国有企业混合所有制改革为研究对象，结合经济学理论——寻租与管制理论、不完全信息与委托代理理论、不完全契约与产权理论，以及对具体案例的分析，对混合所有制改革过程中面临的内外部治理问题以及混合所有制改革造成的影响进行梳理和综合性考察，以探讨改革影响企业长期表现的机制，为竞争性国有企业的内外部治理结构与机制的完善提出可行的建议，说明混合所有制改革如何通过政府职能转变、企业股权多元化等方式，加快竞争性国有企业的关于现代企业制度的改革，持续提升竞争性国有企业的市场适应性与市场竞争能力。

（二）研究视角

本书不仅关注竞争性国有企业混合所有制改革的短期市场业绩表现，也关注改革对我国产业经济战略和企业发展的长期影响。本书在深入分析竞争性国有企业的历史、现状、问题及原因的基础上，全面评价其混合所有制改革的效果，并总结其中的得失，以期为后续其他竞争性国有企业混合所有制改革提供可复制和可推广的经验和建议，使得竞争性国有企业混合所有制能够成为推动我国产业经济和国有经济长远发展的重要战略支撑。

（三）研究方法

本书注重理论与实践相结合、理论分析与案例分析的综合运用，通过对竞争性国有企业混合所有制改革进行理论分析和案例分析，在寻找问题原因的基础上，结合企业实际发展战略，提出具体的混合所有制改革的设计方案和保障措施，进一步推动竞争性国有企业混合所有制改革。

第三章

竞争性国有企业混合所有制改革的历程、成效及改革面临的堵点

本章主要对研究对象进行特征分析，从三个方面对竞争性国有企业及其混合所有制改革进行考察：第一，分析竞争性国有企业的概念、性质及其在改革中的定位；第二，梳理竞争性国有企业混合所有制改革的历史及现状；第三，在概述改革的历史和分析现状的基础上，总结改革当前面临的主要堵点及其成因，为后续的理论和案例分析奠定现实背景的基础。

第一节　竞争性国有企业的概念、性质及其在改革中的定位

一、竞争性国有企业的概念

国有企业是我国经济发展的基础，是公有制经济的重要组成部分和实现形式。对国有企业进行分类是国有企业改革的重要前提与基础。

2015 年 8 月 24 日，中共中央、国务院印发的《关于深化国有企业改革的指导意见》明确了分类推进国有企业改革的基本目标。通过界定功能、划分类别，实行分类改革、分类发展、分类监管、分类定责、分类考核。2015 年 12 月 7 日，中共中央下达了《关于国有企业功能界定与分类的指导意见》（以下简称《指导意见》），文件明确提出，根据国有资本的战略定位和发展目标，结合不同国有企业在经济社会发展中的作用、现状和发展需要，将国有企业分为商业类和公益类。根据《指导意见》对国有企业的分类，商业类国有企业又分为主业处于充分竞争行业和领域的国有企业，以及主业处于关系国家安全、国民经济命脉的重要行业和关键领域，主要承担重大专项任务的国有企业。后者通常要保持国有资本的控股地位，又称为自然垄断性国有企业；前者的存在形式相对灵活，市场参与程度也较充分，又称为竞争性国有企业。

学术界对竞争性国有企业的定义和边界划分，目前还没有形成统一的观点。概念界定不清晰导致现实中指导国有企业的分类存在一定的困难，公益类国有企业和竞争性国有企业边界不清晰，甚至有很多国有企业将此作为推迟改革的借口。孙晋、徐则林（2020）指出，基于我国实际情况和

市场化发展方向，可以对竞争性国有企业做出如下定义：竞争性国有企业是指在一定的历史时期内，存在于市场竞争性领域并以平等竞争者身份与其他所有制企业开展竞争，以营利为主、兼顾公益的国有企业。可以看出，竞争性国有企业是区别于公益类国有企业的一种国有企业类型。对于市场竞争性领域的界定，由于对行业的划分标准不同，目前的划分方法也存在与实际没有完全契合的情况。王新有（2019）指出，充分竞争行业的首要特点在于竞争主体的多样性。除此之外，充分竞争行业还具有价格决定自主性和市场进退自由性两个特征。以上的定义与中共中央和国务院颁布的多个重要文件中的表述也是一致的，因此，本书采用此定义。

综合考虑各行业市场竞争的程度和在国民经济、社会生活中发挥的功能，根据《国民经济行业分类》，可以对竞争性国有企业的行业覆盖范围进行相对合理的界定（雷艳，2020），如表 3 – 1 所示。从这个分类可以看出，剔除涉及国家经济安全和主导国民经济命脉的特定功能类行业，肩负改善民生和保障城市安全的特定功能类行业，关于气象、地震、环境与生态监测等的社会公益类服务行业以及进入门槛较高的行业后，竞争性国有企业涵盖的行业主要包括 8 类，覆盖了第一、第二和第三产业中的部分行业。

表 3 – 1　竞争性国有企业的行业覆盖范围

行业分类代码	行业名称
A	农、林、牧、渔业
C	13 农副食品加工业；14 食品制造业；15 酒、饮料和精制茶制造业；17 纺织业；18 纺织服装、服饰业；19 皮革、毛皮、羽毛及其制品和制鞋业；20 木材加工及木、竹、藤、棕、草制品业；21 家具制造业；22 造纸及纸制品业；23 印刷和记录媒介复制业；24 文教、工美、体育和娱乐用品制造业；26 化学原料及化学制品制造业；27 医学制造业；28 化学纤维制造业；29 橡胶和塑料制品业；30 非金属矿物制品业；33 金属制品业；34 通用设备制造业；36 汽车制造业；38 电器机械及器材制造业；39 计算机、通信和其他电子设备制造业；40 仪器仪表制造业

（续表3－1）

行业分类代码	行业名称
E	建筑业
F	批发业和零售业
H	住宿和餐饮业
K	房地产业
L	租赁和商务服务业
O	居民服务、修理和其他服务业

资料来源：《国民经济行业分类》。

二、竞争性国有企业的性质

对竞争性国有企业性质的分析必须紧紧抓住“竞争性”和“国有企业”这两个关键词。“竞争性”一词对应着竞争性国有企业的市场属性，指其作为经济主体，与民营企业共同参与市场竞争；“国有企业”一词对应着其公共属性，指其承担为社会公众提供必要公共服务的职能。值得注意的是，竞争性国有企业的公共属性，与公益类国有企业有着显著的区别，原因就在于竞争性国有企业的公共属性是与市场属性紧密结合的。从《指导意见》的内容看，国家对竞争性国有企业和公益类国有企业实行区别对待。《指导意见》从宏观角度对公益类国有企业和竞争性国有企业的功能予以明确说明。总体而言，竞争性国有企业以市场导向为功能属性，公益类国有企业以公共服务导向为功能属性。

孙晋（2020）指出，竞争性国有企业改革必须完成国有企业与市场经济的高度匹配和最终融合，真正实现市场的决定性作用和资源优化配置。对于竞争性国有企业，市场属性与公共属性是同时存在和紧密结合的。这两个属性的结合，使竞争性国有企业作为商业类国有企业的一种，具有特殊的功能属性。如果脱离公共属性进行分析，就会把竞争性国有企业与民营企业混淆；如果脱离市场属性进行分析，就会把竞争性企业与公益类国有企业混淆。本章在分析竞争性国有企业的性质时，将结合与民营企业和公益类国有企业的比较去剖析竞争性国有企业的市场属性和公共属性。

（一）竞争性国有企业的市场属性

笔者对竞争性国有企业市场属性的分析，主要是通过与公益类国有企业的比较，最终提炼出竞争性国有企业的独有特征，如表3－2所示。

表3－2　竞争性国有企业与公益类国有企业市场属性的差异

类型	主要目标	运作模式和社会服务	发展方向
竞争性国有企业	进一步释放国有经济的活力、保持国有资产的地位以实现保值和增值、促进国有资本的运转效率提升	按照国有资本市场化的要求，严格实行国有企业商业化的运作，依法独立自主地开展国有企业的生产运营和服务活动，实现优胜劣汰、有序进退	大力发展前瞻性产业和战略性新兴产业，实现经济效益、社会效益与安全生产效益的有机结合和统一
公益类国有企业	主要保障和改善民生、服务和谐社会、提供公共需要的产品和服务	必要的产品或公共服务的价格可以由当地政府部门进行调控	积极引入有效的市场机制，不断提高其公共服务的效率和经营管理能力

资料来源：笔者根据相关材料整理。

1．主要目标

竞争性国有企业和公益类国有企业同为国有企业，在国民经济中一直发挥着主导作用，共同推动国民经济发展，实现经济和社会发展目标，有着宏观目标一致性。但在具体目标和实现方式上，二者表现出较大的区别。由于公益类国有企业提供公共产品与服务，以保障民生与社会效益为导向，产品和服务的价格通常由政府制订以保障社会公众利益，政府对亏损进行补贴。相对来说，竞争性国有企业开放度高、竞争程度高，行业垄断性和重要性较低，对改革深度的容忍度更高，这类国有企业在国有企业改革的进程中通常走得比较超前。

2．运作模式和社会服务

竞争性国有企业以追求利润最大化为其首要目标，按照市场化方式运营，与市场上其他市场主体进行竞争。在市场经济条件下，竞争性国有企业与其他市场参与者一样按照价格信号进行资源配置，按照市场价格定价。公益类国有企业被赋予强制性社会公共目标，其存在主要是为了实现社会利益，提供公共产品，以服务民众为根本出发点，有很强的公共服务性质。公益类国有企业在某种程度上与政府一样承担着特殊的社会责任，作为国家对经济宏观调控的一种工具，发挥维护并保障市场健康有序进行的功能。当然，不追求利润最大化并不意味着公益类国有企业不需要盈利，只是公益类国有企业提供的产品和服务具有一定的公益性，不能完全按照市场竞争来定价，需要综合考虑多种因素。换句话讲，公益类国有企业提供的产品在一定程度上往往具有调节社会公平的功能，这就不可避免地要损失一定的效率，这种公平和效率之间的平衡常常体现在价格上，即不能完全按照市场竞争决定的价格来进行决策。

3. **发展方向**

竞争性国有企业与公益类国有企业相比，在发展方向上存在显著的区别。竞争性国有企业要求要大力发展前瞻性产业和战略性新兴产业，实现经济效益、社会效益与安全生产效益的有机结合和统一。而公益类国有企业则要求不断地提高其公共服务的效率和经营管理能力。具体而言，这种发展方向的区别，主要体现在市场势力、风险承担、进出机制和资金来源等多个方面。

（1）公益类国有企业往往具有一定的市场势力。这种市场势力可能来自行政权力赋予，也可能由于技术特征自然形成，因此，公益类国有企业往往表现出一定程度的垄断性。相对来看，竞争性国有企业则很难形成垄断。

（2）公益类国有企业为了提供符合社会公众共同需要的产品和服务，往往需要巨大的前期投入。同时，收益的回收周期长，占用资金量大，甚至有一定的市场风险。而竞争性国有企业一般不会介入巨量投资行业。

（3）公益类国有企业提供的产品由于跟社会共同需要紧密联系，因此，即便是遇到经营困难或受其他因素的影响而无法维持下去的时候，也不能随意退出，否则，公共利益就会受到损害。而竞争性国有企业可以按照市场竞争规则退出，实现优胜劣汰。

（4）竞争性国有企业的资金一般来源于市场筹集，追求利润最大化的利益相关者依据某种制度安排组建企业，当企业需要运营所需资金的时候，可以通过诸如发行股票等市场方式来筹集资金，并按照市场方式来偿还相关的债务。公益类国有企业的资金虽然有一部分是通过市场化方式获得，但更多的资金源于非市场化的方式，如发行债券、租赁等，还有一部分资金来源于公共预算。

（二）竞争性国有企业的公共属性

民营企业是国有企业的天然比较对象，客观地讲，民营企业与国有企业由于在经济地位、企业性质、资本来源、经营范围等方面的区别，二者的功能也存在差异。民营企业与国有企业都是国民经济的重要组成部分，在国民经济的发展过程中都发挥着不可替代的作用，而且随着改革开放的推进，民营企业的地位和作用也在逐渐提高和增强。竞争性国有企业带着国有的烙印，有国有资本支持，而民营企业的资本完全是非政府出资组成的。竞争性国有企业主要涉及一些基础工业、重要的原材料工业，这类产业是整个国民经济的重要支撑部分。但由于其投资规模大、建设周期长、资金回收慢，民营企业较难涉入或者涉入较晚，再加上这些产业关系国民经济命脉的重要经济部门，国有企业也有必要占有一定地位。本章将基于竞争性国有企业与民营企业在国民经济中功能的区别，从战略目标、保障民生和市场调节三个方面分析竞争性国有企业的公共属性。

1. 战略目标

竞争性国有企业和民营企业在实现国家战略目标方面侧重不同的方面，承担不同的功能，发挥不同的作用。竞争性国有企业在国民经济的支撑作用主要通过调控国民经济、创造收入、促进产业比例协调、平衡经济发展等途径来实现，这也是竞争性国有企业实现国家经济战略目标的直接方式；虽然宏观上，民营企业也在促进国家经济战略目标的实现，但主要依靠解决就业、增加投资、扩大经营等方式从而获取更多利润来实现。具体而言，民营企业贡献了中国经济的“56789”——50%以上的税收、60%以上的GDP、70%以上的技术创新成果、80%以上的城镇劳动就业、90%以上的企业数量。

2. 保障民生

竞争性国有企业与民营企业在保障民生上都发挥着重要的功能。尽管竞争性国有企业与民营企业的业务属性都是一般的商业化竞争，都具有一般企业的经济利益目标，在功能属性上都具有市场导向，但在具体功能的体现上，二者依然存在差异。政府通过对包括竞争性国有企业在内的国有企业调控国民经济，从宏观上保障民生的经济功能。从实际看，民营企业不仅增加了社会产品和劳务的供给，满足了人们日常生活和生产的需要，而且增加了就业机会，促进了社会剩余劳动力的转化，这在客观上无疑解决了最基本的民生问题。尽管民营企业始终有追求利润最大化的目标，但从实际情况看，民营企业的正常运营和发展就是在保障民生、促进国民经济的发展。

3. 市场调节

在市场调节方面，竞争性国有企业属于国有企业的一类，跟其他国有企业一样，兼有“国有”和“企业”的特性，这就决定了其在实现经济功能的同时，还担负一定的社会功能和政治功能；而民营企业通常仅具有经济功能，没有强制性的社会目标，只是在客观上表现出一定的社会作用。具体来看，在市场调节方面，国家会通过对包括竞争性国有企业在内的国有企业进行及时调控，平衡供求比例。而对民营企业，政府只能通过政策引导，不会有过多干预或强制要求，所以民营企业的市场调节能力是相对微弱的。再加上民营企业存在范围广，较为分散，在对市场的影响上难以形成一股强势力量，在主观上也不会刻意去调节市场。同时，竞争性国有企业通过率先进入一些产业，对民营产业能够起到示范作用，引导、鼓励民营企业资金投向那些有利于国民经济发展的重要产业。竞争性国有企业进入竞争市场后，在提高自身竞争实力的同时，也给民营企业带来一定的竞争压力，并促进市场主体规范市场行为，推动业内市场竞争的有序进行。

（三）竞争性国有企业的主要性质

从以上对国有企业的市场属性和公共属性的分析可以看出，竞争性国有企业既不同于公益类国有企业，也不同于民营企业，而是有其自身特殊的性质。具体而言，主要有以下三点。

1. 以市场为导向参与竞争，兼有一定的“国有”优势

从现代市场经济的客观表现来看，竞争性国有企业的市场竞争程度远高于公益类国有企业，又略低于民营企业。从根本上讲，这是由竞争性国有企业自身的“国有”属性决定的。这类企业面向市场进行竞争时，具有相当的开放性，而且以盈利为基本目标但不是唯一目标，再加上国有资本的加入，不可避免地在一定程度上形成垄断优势，与民营企业相比就具有较大的竞争优势。

2. 按照市场化规则运营，特别是要协调经济平衡发展

竞争性国有企业要进入市场，充分参与竞争，必然要遵从市场规则运营，以便与市场上其他主体展开公平竞争。虽然竞争性国有企业与民营企业一样没有强制的公共服务目标，但国有资本的介入，使得竞争性国有企业不可避免地要与国家经济发展目标保持一致，而且在国家宏观调控的布局下，竞争性国有企业必须及时服务国家经济政策的需要，否则，国有资本的存在就失去了意义。

3. 追求利润最大化的同时，还要保障民生、服务社会

作为市场竞争的平等主体，竞争性国有企业与民营企业一样都追求利润最大化，原则上不强制承担社会服务的责任，但竞争性国有企业作为国有企业的一种，具有一定的社会担当和责任，受国家经济政策和宏观调控的干预程度比民营企业更大。

竞争性国有企业与政府之间存在无法隔绝的关系。尽管国有资本在竞争性国有企业中存在，但政府不会过度干预和直接指导；同时，竞争性国有企业不能拒绝政府代表国家实现其经济职能，这也是竞争性国有企业发挥国家服务社会的职能所在。因此，竞争性国有企业也必须服从政府制定的宏观调控政策，与政府之间存在非常密切的关系。实际上，国家对经济宏观调控政策的落实，很大程度上是通过包括竞争性国有企业在内的国有企业来实现的。政府一旦制定出相关的宏观调控政策，竞争性国有企业就必须履行相关的职责和义务。从国家职能看，保障民生、服务社会都是基本内容，通过国有资本的参与，竞争性国有企业在追求利润最大化的同时，并不影响国家经济职能的实现。国有资本的参与目的就是让企业在市场竞争当中为社会提供一些必需的公共产品和服务。

三、竞争性国有企业在改革中的定位

竞争性国有企业改革是我国全面深化改革的关键环节和重要内容。前文对竞争性国有企业涵盖的竞争性行业进行了初步的界定，接下来，将结合我国在国有企业混合所有制改革中的重要文件和具体实践，进一步对竞争性国有企业在改革中的定位和作用进行分析。

（一）竞争性国有企业在混合所有制改革试点中的定位

2014—2017 年，我国公布的 21 家混合所有制改革国有企业中，竞争性国有企业有 9 家，公益类国有企业有 12 家（陈福中、蒋国海，2021）。这说明，在这一个阶段，混合所有制改革的范围还比较受局限，不仅试点的企业数量比较少，而且涵盖的行业和领域也比较窄，虽然这期间也有一些竞争性国有企业进入了混合所有制改革的名单，但竞争性国有企业尚未成为混合所有制改革的重点，见表 3－3。从 2018 年第三批混合所有制改革试点开始，相关部门没有公布具体企业名单，包含的企业数量也比较多。第三批混合所有制改革试点企业共有 31 家，涵盖了石油、天然气、民航、电力、铁路、军工和电信七大重点行业。相比于前三批，2019 年第四批混合所有制改革试点企业数量大幅增加，共有 160 家国有企业。同时，在企业所属的行业和领域上，不再局限于前几批所涉及的七大重点行业，而是将改革的重点转向了竞争性较强的领域——传统制造业和战略性新兴产业。因此，不仅参与混合所有制改革的企业数量在迅速增长，其所涵盖的领域和范围也呈现出不断扩大的趋势。只要有利于企业持续稳定发展、市场竞争力提高、国有资本保值增值，在完全竞争领域，混合所有制改革还允许社会资本控股。《关于深化国有企业改革的指导意见》指出，国有资本可以绝对控股、相对控股，也可以参股，并着力推进整体上市。这充分说明，竞争性国有企业的混合所有制改革在不断加快速度、加大力度，向纵深发展。

表 3－3　2014—2017 年混合所有制改革涉及的国有企业及其行业属性

改革名称	公布年份（年）	改革国有企业数（家）	涉及的国有企业所属行业	竞争性国有企业数（家）	非竞争性国有企业数（家）
四项改革	2014	2	医药制造业，非金属矿物制品业	2	0
第一批混合所有制改革	2016	9	电信、广播电视和卫星传输服务业，航空运输业，电力、热力生产和供应业，土木工程建筑业，通用设备制造业等	3	6

（续表 3 – 3）

改革名称	公布年份（年）	改革国有企业数（家）	涉及的国有企业所属行业	竞争性国有企业数（家）	非竞争性国有企业数（家）
第二批混合所有制改革	2017	10	电力、热力生产和供应业，商业服务业，航空运输业，软件和信息技术服务业，电信、广播电视和卫星传输服务业，批发业，文教、工美、体育和娱乐用品制造业等	4	6

资料来源：陈福中、蒋国海《新时代国有企业混合所有制改革：特征、困境、路径》，载《改革与战略》2021 年第 1 期，第 44 – 52 页。

（二）竞争性国有企业在改革中定位的演进和发展

目前，竞争性国有企业改革在理论和实践中还存在“全面退出论”和“全面保留论”之争。尽管在理论上，国有企业在竞争性领域的退出和收缩有利于激发民营经济和其他非公有制经济发展的巨大动力，尤其是能够为民营企业释放更多资源、拓展发展空间，但在我国目前诸多经济领域还不强大、民营企业实力还不雄厚的时候，冒进地令国有企业强行退出，会给国民经济带来更大的风险。只有让竞争性国有企业和民营企业在竞争性领域充分竞争，民营资本才能不断成长，市场决定资源配置的目标方可实现，国有资本的“公共性”本质方能回归。在民营资本的规模和竞争力达到一定水平后，可以进一步放开竞争性领域和竞争性环节，分阶段促进竞争性国有企业从某些行业和领域有序退出，将国有资本投资进一步向关系国家安全、国民经济命脉的重要行业和关键领域集中。孙晋（2020）指出，竞争性国有企业改革必须坚持竞争中立原则和市场化改革方向，真正完成国有企业和市场经济的高度匹配和最终融合，真正实现市场的决定性作用和资源优化配置。这是新时代加快完善社会主义市场经济体制的应有之义和必然路径。

根据 2015 年中共中央、国务院印发的《关于深化国有企业改革的指导意见》《关于国有企业功能界定与分类的指导意见》《关于改革和完善国有资产管理体制的若干意见》及2018年国务院下发的《关于推进国有资本投资、运营公司改革试点的实施意见》系列文件的相关规定，商业类国有企业要按照市场决定资源配置的要求，加大公司制股份制改革力度，加快完善现代企业制度，成为充满生机活力的市场主体。其中，主业处于充分竞争行业和领域的商业类国有企业，原则上都要实行公司制股份制改革，积极引入其他资本，实现股权多元化，国有资本可以绝对控股、相对控股或参股，加大改制上市力度，着力推进整体上市。可见，混合所有制改革和股权多元化已经成为国有企业改革的必然选择。从相对根本或宏观的角度来看，股权多元化的目标定位是构建更加完善的市场经济体制。这一目标定位有助于把控混合所有制改革的整体方向。

竞争性国有企业在追求“保值增值”“收益最大化”“收益率”等经济效益层面的目标时，还隐含了更深层次的目标。在“破除体制机制障碍”“管理规范化机制”“完善国有资产管理体制”的背后所展现的其实是国有企业的治理结构问题。也就是说，股权多元化改革的直接目标应该是完善国有企业的治理结构，通过股权多元化改革倒逼国有企业的治理结构迈向市场化，使国有企业的经营方式与市场机制有机融合，而国有企业经济效益的提高只不过是治理结构完善之后水到渠成的“产物”。

根据《关于深化国有企业改革的指导意见》，股权多元化改革将沿着三条路径同时推进，对主业处于充分竞争行业和领域的商业类国有企业，主要承担重大专项任务的商业类国有企业以及主业处于关系国家安全、国民经济命脉的重要行业和关键领域的商业类国有企业都有不同要求。因此，主业处于充分竞争行业、重要行业和关键领域的竞争性国有企业应该在贯彻股权多元化改革总体思路的前提下，分别探索具体改革路径。中央对国有企业股权多元化改革的思路虽然比较清晰，但这些思路与改革战略如何落地仍然需要进一步探索。《关于深化国有企业改革的指导意见》对主业处于充分竞争行业和领域的商业类国有企业的竞争性有比较明确的认识。根据这一指导意见，该类型国有企业都要通过引入其他资本实现股权多元化。对于国有资本的控股力度也并没有特别要求，无论是绝对控股、相对控股还是参股都可以，关键是要结合企业的具体情况展开。

国务院国资委副主任翁杰明在2020年9月召开的“科改示范行动”推进会上指出，各中央企业和各地国资委要积极稳妥分层分类开展混合所有制改革，特别是商业一类的科技型企业，要充分释放更大比例的股权，支持引入持股比例超过1/3的非国有资本，鼓励股东发挥积极作用。2020年出台的《国有企业改革三年行动方案（2020—2022年）》指出，要积极稳妥深化混合所有制改革，支持商业一类企业引入持股比例超过1/3非国有资本的，引导各类战略投资者参与公司治理。国有商业一类企业所处行业一般是竞争较为激烈的行业，是主业处于关系国家安全、国民经济命脉的重要行业和关键领域，主要承担重大专项任务的商业类国有企业。战略投资者持股比例达到相应水平，才能确保其参与混合所有制改革企业治理的积极性。非国有资本持股比例超过1/3才能拥有有效的股东权利（即决策否决权），对于完善公司治理具有重要意义。

竞争性国有企业具有的市场属性使其具备了承担一定试错成本的能力，所以，竞争性国有企业成为国有企业改革的先行领域和必然选择。目前，政府针对竞争性国有企业制定的改革政策比较宽松，股权形式多样，为进一步分类改革的具体实施留下了较大的空间。比如国有资本运营公司设立的探索、双创企业改革试点的探索、混合所有制改革、董事会职权试点的改革、职业经理人试点的改革等，无不优先考虑竞争性国有企业，体现了竞争性国有企业在新发展阶段国有企业深化改革中的重要地位和作用。

第二节　竞争性国有企业混合所有制改革的历史及现状

一、我国竞争性国有企业的发展现状

2020年11月，第20届中国国有经济发展论坛发布《中国国有经济发展报告（2020）》（以下简称《报告》）。《报告》指出，截至2019年底，有18个行业的国有控股工业企业的平均资产规模达到相应行业平均水平的5倍以上。同时，我国国有资产不断向关系国家安全、国民经济命脉和国计民生的重要行业和关键领域集中，特别在工业领域，第二产业国有企业实现利润总额在经历了2015年的一次下降后，自2016年起呈逐年快速上涨态势。截至2019年底，电力、机械、石油和石化、冶金、煤炭工业

合计的国有资产配置比重达到83.04%。这5个工业领域的国有控股工业营业总收入和利润占全部国有控股工业总体的比重也分别达到了83.34%和71.06%。可见，“十三五”时期，我国国有企业“做强做优做大”成效明显。

下文以工业为例，采用多个指标，基于《中国统计年鉴》和《中国工业经济统计年鉴》的数据，通过与其他工业国有企业、非公有制工业企业的综合比较，深入分析我国工业竞争性国有企业的发展现状。

（一）竞争性国有企业与非公有制工业企业的比较

从表3-4、表3-5、表3-6可以看出，在2019年22个竞争性行业的规模以上工业企业中，虽然竞争性国有企业的资产总额占全国的比重达到19.35%，但是营业收入和利润总额的比重仅占全国的13.71%和14.39%。这说明，大部分行业中竞争性国有企业的运营效率和盈利能力低于其他非公有制企业。只有文教、工美、体育和娱乐用品制造业的资产总额、营业收入、利润总额的比重分别为3.22%、4.71%和3.68%，竞争性国有企业的盈利能力略高于其他非公有制企业。这说明，竞争性国有企业的运营效率和盈利能力还有待提高。

表3-4　2019年工业规模以上竞争性国有企业主要指标数据统计

竞争性行业代码及名称	主要指标				
	企业单位数（个）	资产总计（亿元）	营业收入（亿元）	利润总额（亿元）	平均用工人数(万人)
13 农副食品加工业	670	2111.9	3186.9	50.1	14.8
14 食品制造业	320	1439.1	1311.8	72.5	12.8
15 酒饮料和精制茶制造业	277	6777.6	3951.0	1189.5	24.6
17 纺织业	149	1103.6	697.7	14.1	9.3
18 纺织服装、服饰业	201	357.3	208.8	4.5	8.1
19 皮革、毛皮、羽毛及其制品和制鞋业	29	104.9	83.3	4.2	1.7
20 木材加工及木、竹、藤、棕、草制品业	71	322.2	170.0	-4.0	2.0

（续表3-4）

竞争性行业代码及名称	主要指标				
	企业单位数（个）	资产总计（亿元）	营业收入（亿元）	利润总额（亿元）	平均用工人数(万人)
21 家具制造业	22	168.8	140.0	26.5	0.7
22 造纸及纸制品业	101	1054.2	589.6	23.7	4.8
23 印刷和记录媒介复制业	278	807.2	598.2	58.8	7.5
24 文教、工美、体育和娱乐用品制造业	67	278.6	608.9	28.0	1.7
26 化学原料及化学制品制造业	1156	21797.8	14089.5	152.3	66.8
27 医药制造业	466	5300.7	2658.8	386.7	24.5
28 化学纤维制造业	48	1344.6	1155.6	61.3	6.7
29 橡胶和塑料制品业	247	1714.0	1203.2	23.9	11.4
30 非金属矿物制品业	1759	10326.2	7016.1	1060.0	41.3
33 金属制品业	556	4620.6	3267.6	72.0	24.6
34 通用设备制造业	765	9042.0	5035.0	235.1	40.6
36 汽车制造业	786	35614.1	35175.5	2416.1	98.2
38 电气机械和器材制造业	607	7795.9	4897.3	185.6	29.6
39 计算机、通信和其他电子设备制造业	721	18617.1	9787.3	362.8	69.3
40 仪器仪表制造业	236	1846.1	911.7	64.9	8.6
总计	9532	132544.6	96743.6	6488.4	509.5

注：1. 数据来源于《中国工业经济统计年鉴》。

2. 从2011年开始，规模以上工业企业指年主营业务收入为2000万元及以上工业企业。

表3－5　2019年竞争性行业规模以上工业企业主要指标数据统计

竞争性行业代码及名称	主要指标				
	企业单位数（个）	资产总计（亿元）	营业收入（亿元）	利润总额（亿元）	平均用工人数（万人）
13 农副食品加工业	21346	29773.1	47412.6	2052.0	288.4
14 食品制造业	8043	16508.7	19510.7	1789.1	176.3
15 酒、饮料和精制茶制造业	5674	17932.0	15336.1	2286.7	119.3
17 纺织业	18018	19927.1	24665.8	1132.5	348.0
18 纺织服装、服饰业	13353	11627.9	15617.8	877.6	301.7
19 皮革、毛皮、羽毛及其制品和制鞋业	8319	6717.4	11861.5	800.7	211.5
20 木材加工及木、竹、藤、棕、草制品业	9012	4996.7	8879.9	427.1	93.7
21 家具制造业	6472	5931.9	7346.0	488.4	113.4
22 造纸及纸制品业	6579	14935.1	13335.1	732.3	115.9
23 印刷和记录媒介复制业	5673	5906.9	6794.0	469.0	85.0
24 文教、工美、体育和娱乐用品制造业	8763	8661.1	12935.0	760.2	178.5
26 化学原料及化学制品制造业	21596	73164.4	66225.4	3797.5	352.3
27 医药制造业	7392	33981.5	23884.2	3184.2	199.6
28 化学纤维制造业	1882	8547.8	9175.3	362.6	43.8
29 橡胶和塑料制品业	19413	22962.1	25667.0	1421.9	294.1
30 非金属矿物制品业	36148	54672.5	56269.7	4887.8	455.7
33 金属制品业	24687	29960.1	36535.0	1786.0	354.9
34 通用设备制造业	24788	45010.7	39520.0	2649.0	398.0
36 汽车制造业	15485	80788.3	80418.1	5099.9	451.1

（续表 3－5）

竞争性行业代码及名称	主要指标				
	企业单位数（个）	资产总计（亿元）	营业收入（亿元）	利润总额（亿元）	平均用工人数（万人）
38 电气机械和器材制造业	25267	69800.2	64923.3	3943.4	547.4
39 计算机、通信和其他电子设备制造业	18726	112957.9	111872.9	5373.6	883.5
40 仪器仪表制造业	4892	10225.2	7619.2	754.8	88.3
总计	311528	684988.5	705804.4	45076.4	6100.2

数据来源：《中国工业经济统计年鉴》。

表 3－6　2019 年工业规模以上竞争性国有企业主要指标占全国比重

竞争性行业代码及名称	主要指标				
	企业单位数（%）	资产总计（%）	营业收入（%）	利润总额（%）	平均用工人数（%）
13 农副食品加工业	3.14	7.09	6.72	2.44	5.12
14 食品制造业	3.98	8.72	6.72	4.05	7.23
15 酒、饮料和精制茶制造业	4.88	37.80	25.76	52.02	20.62
17 纺织业	0.83	5.54	2.83	1.24	2.67
18 纺织服装、服饰业	1.51	3.07	1.34	0.51	2.70
19 皮革、毛皮、羽毛及其制品和制鞋业	0.35	1.56	0.70	0.52	0.78
20 木材加工及木、竹、藤、棕、草制品业	0.79	6.45	1.91	－0.93	2.17
21 家具制造业	0.34	2.85	1.91	5.42	0.64
22 造纸及纸制品业	1.54	7.06	4.42	3.24	4.14
23 印刷和记录媒介复制业	4.90	13.67	8.80	12.55	8.84

（续表3-6）

竞争性行业代码及名称	主要指标				
	企业单位数（%）	资产总计（%）	营业收入（%）	利润总额（%）	平均用工人数（%）
24 文教、工美、体育和娱乐用品制造业	0.76	3.22	4.71	3.68	0.97
26 化学原料及化学制品制造业	5.35	29.79	21.28	4.01	18.95
27 医药制造业	6.30	15.60	11.13	12.14	12.29
28 化学纤维制造业	2.55	15.73	12.59	16.90	15.18
29 橡胶和塑料制品业	1.27	7.46	4.69	1.68	3.86
30 非金属矿物制品业	4.87	18.89	12.47	21.69	9.07
33 金属制品业	2.25	15.42	8.94	4.03	6.92
34 通用设备制造业	3.09	20.09	12.74	8.87	10.21
36 汽车制造业	5.08	44.08	43.74	47.38	21.77
38 电气机械和器材制造业	2.40	11.17	7.54	4.71	5.41
39 计算机、通信和其他电子设备制造业	3.85	16.48	8.75	6.75	7.84
40 仪器仪表制造业	4.82	18.05	11.97	8.60	9.78
总计	3.06	19.35	13.71	14.39	8.35

数据来源：《中国工业经济统计年鉴》。

具体到单一指标，竞争性国有企业与非公有制企业存在较大差异。

1. 平均资产规模

图3-1是2019年竞争性国有企业相比非公有制企业平均资产规模的倍数。从图中可以看出，竞争性国有企业的平均资产规模显著高于非公有制企业，平均而言，竞争性国有企业的资产规模是非公有制企业的6.32倍。具体来说，在纺织服装、服饰业，竞争性国有企业的平均资产规模差不多是非公有制企业的2.04倍；而在汽车制造业，竞争性国有企业的平均资产规模差不多是非公有制企业的8.68倍。数据说明，竞争性国有企

业比非公有制企业具有更强的规模优势。

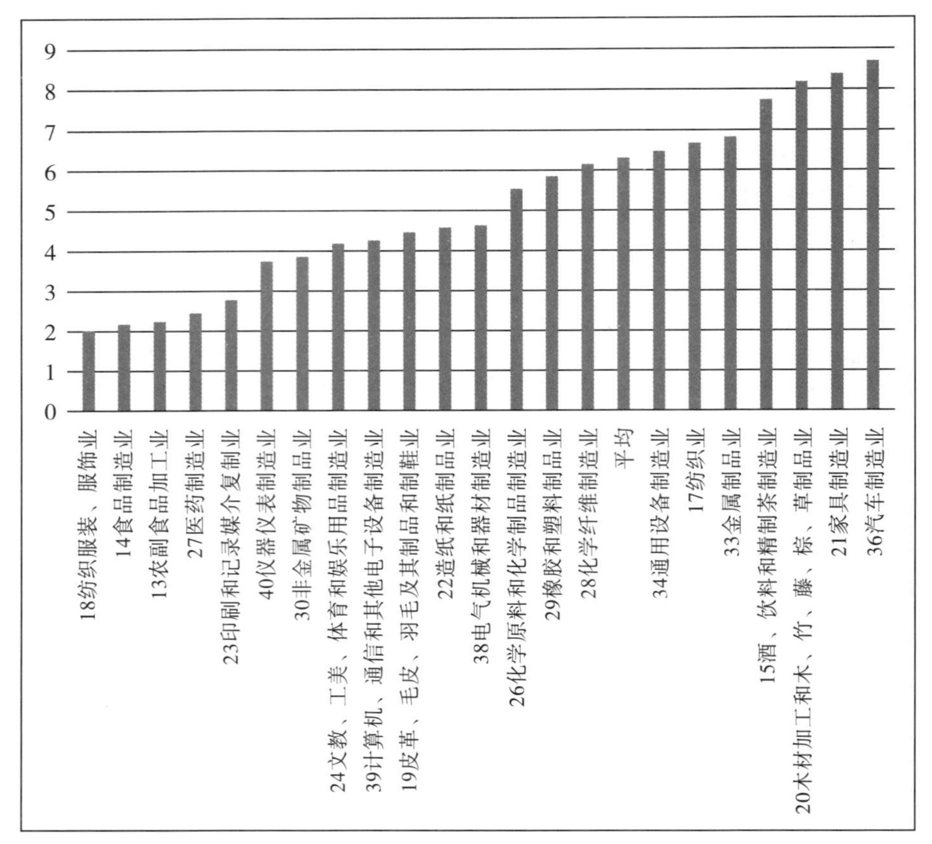

图 3－1　2019 年竞争性国有企业相比非公有制企业平均资产规模的倍数

数据来源：《中国工业经济统计年鉴》。

2. 平均营业收入

图 3－2 展示了 2019 年竞争性国有企业相比非公有制企业平均营业收入的倍数。从图中可以看出，在大部分行业中，竞争性国有企业的平均营业收入显著高于非公有制企业。平均而言，竞争性国有企业的营业收入是非公有制企业的 4.48 倍。但就纺织服装、服饰业来说，竞争性国有企业平均营业收入是非公有制企业的 89%，这是唯一的竞争性国有企业平均营业收入低于非公有制企业的行业。而在汽车制造业，竞争性国有企业平均营业收入差不多是非公有制企业的 8.62 倍。结合对平均资产规模的分析结果来看，在平均营业收入方面，竞争性国有企业的规模优势相对弱一

些，运营效率有进一步提升的必要性。

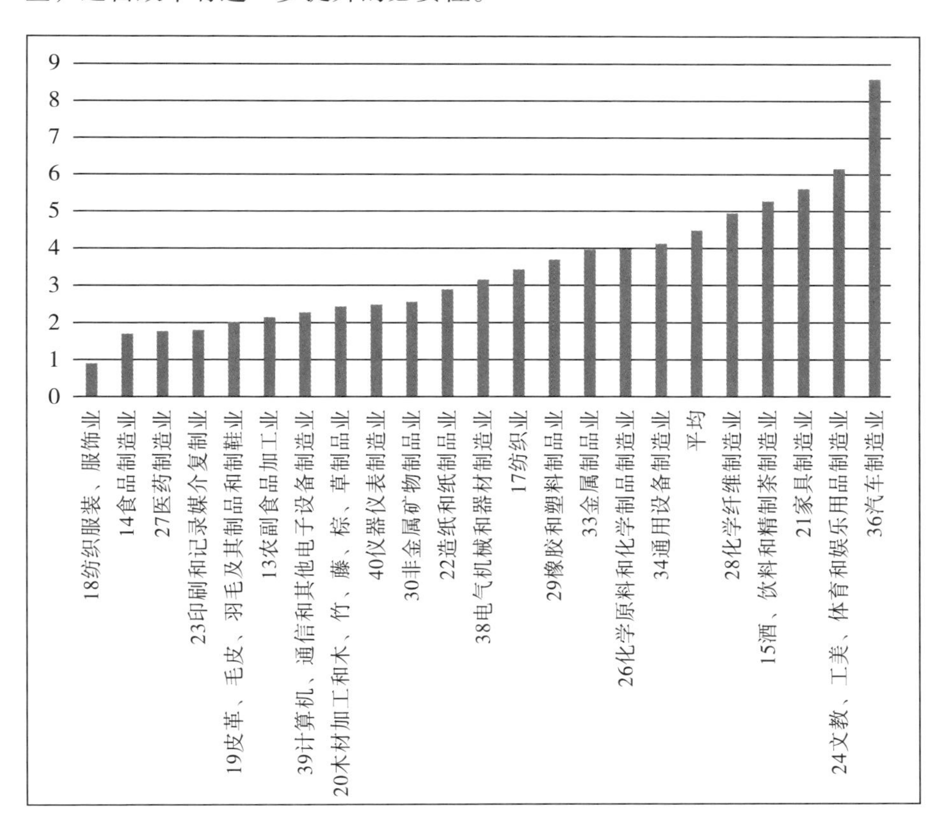

图3－2 2019年竞争性国有企业相比非公有制企业平均营业收入的倍数

数据来源：《中国工业经济统计年鉴》。

3. 平均利润总额

图3－3是2019年竞争性国有企业相比非公有制企业平均利润总额的倍数。从图中可以看出，竞争性国有企业的规模优势在减弱。在大部分的行业（18个）中，竞争性国有企业的平均利润总额高于非公有制企业。平均而言，企业的营业收入是非公有制企业的4.7倍。但是，相比营业收入，在平均利润总额方面，行业之间的差异非常大。2019年，在木材加工及木、竹、藤、棕、草制品业方面，竞争性国有企业的营业利润总额小于零，需要引起足够的重视。此外，纺织服装、服饰业，化学原料及化学制品制造业，农副食品加工业这三个行业的平均利润总额也低于非公有制企业。具体而言，在纺织服装、服饰业，竞争性国有企业的利润总额只有非公有制企业的34%。在酒、饮料和精制茶制造业，竞争性国有企业的利

润总额差不多是非公有制企业的10.66倍；在家具制造业，竞争性国有企业的利润总额差不多是非公有制企业的15.96倍。

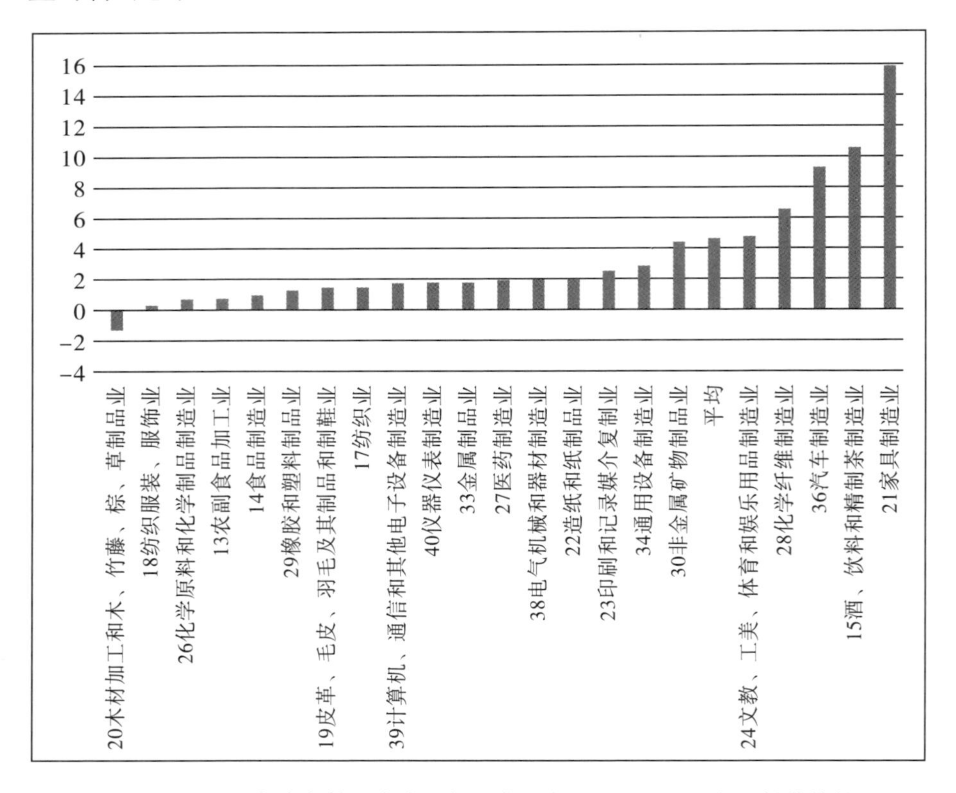

图3-3 2019年竞争性国有企业相比非公有制企业平均利润总额的倍数

数据来源：《中国工业经济统计年鉴》。

（二）竞争性国有企业与公益类国有企业的比较

图3-4展示了2012—2019年工业竞争性国有企业数量、资产总额和营业收入总额的变化趋势。选择2012年为起始年份，有两方面原因：一方面是由于2011年后规模以上工业企业的划分标准发生了变化，从年主营业务收入500万元及以上的工业企业变成年主营业务收入2000万元及以上工业企业；另一方面是由于《国民经济行业分类与代码》在2011年被调整，2011年及之前的统计数据没有对汽车制造业与铁路、船舶、航空航天和其他运输设备制造业进行分类统计，将其统称为交通运输设备制造业，然而，铁路、船舶、航空航天和其他运输设备制造业主要是由政府购买其产品而且垄断性较高，竞争性不强，将其一并纳入竞争性行业的范

围是不严谨的。基于以上两点原因，笔者选择统计口径比较统一的2012—2019年为区间作为分析的样本期。

同时，从图3－4中还可以看出，虽然三种主要指标都呈上升趋势，然而营业收入总额上升的速度要显著低于资产总额和企业数量。工业竞争性国有企业的资产总额从2012年的8.32万亿元平稳扩张到2019年的13.25万亿元，而营业收入从7.16万亿元上升到9.67万亿元，上升的速度比较慢，说明工业竞争性国有企业的运营效率还有待提升。

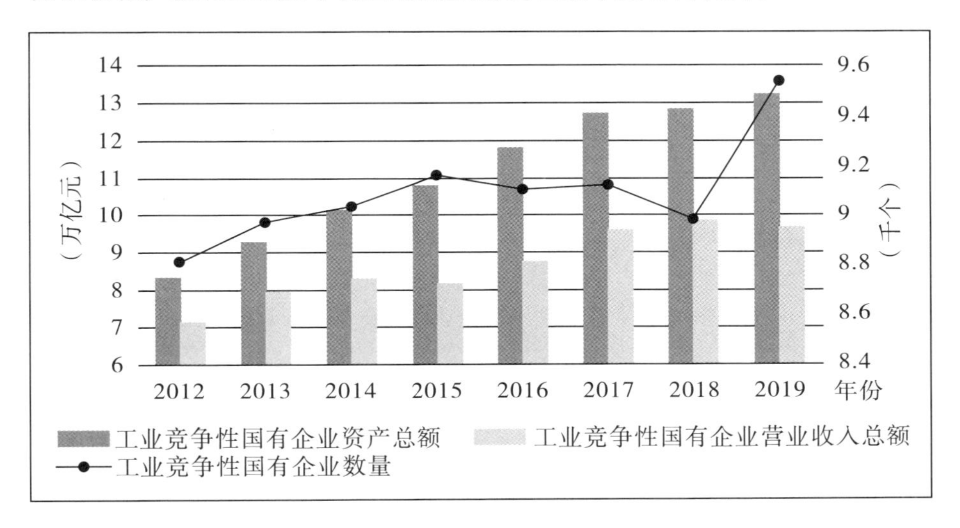

图3－4　2012—2019年工业竞争性国有企业数量、资产总额和营业收入总额的变化趋势

数据来源：《中国工业经济统计年鉴》。

工业部门中，除了竞争性行业，还有非竞争性行业，这些行业的国有企业多是公益类的。为了对竞争性国有企业和公益类国有企业进行比较，笔者将2012—2019年工业竞争性国有企业数量、资产总额和营业收入占国有工业企业比重的变化趋势以图3－5的形式展示出来。从图中可以看出，竞争性国有企业占国有工业企业数量比重稳定在50%左右，有轻微下降趋势。竞争性国有企业数量、资产总额和营业收入占国有工业企业的比重都低于50%，尤其是占资产总额的比重低于30%，说明竞争性国有企业除了总规模小于公益类国有企业，每一个企业拥有的资产总额也显著低于公益类国有企业，这与公益类国有企业多是关乎国计民生，且多是自然垄断行业企业的事实也是一致的。竞争性国有企业占国有工业企业营业收入的比重一直略高于资产总额所占的比重，说明竞争性国有企业的运营效率略高于其他国有企业，这与竞争性国有企业与公益类国有企业在国民经济发展中的性质和功能的差异也是一致的。图3－6为2012—2019年工业竞争性国有企业和工业国有企业的资产收益率的趋势变化。从图中可以看出，工业竞争性国有企业的资产收益率显著高于其他工业国有企业，虽然存在一定的波动和反复，但是波动率也小于其他工业国有企业。

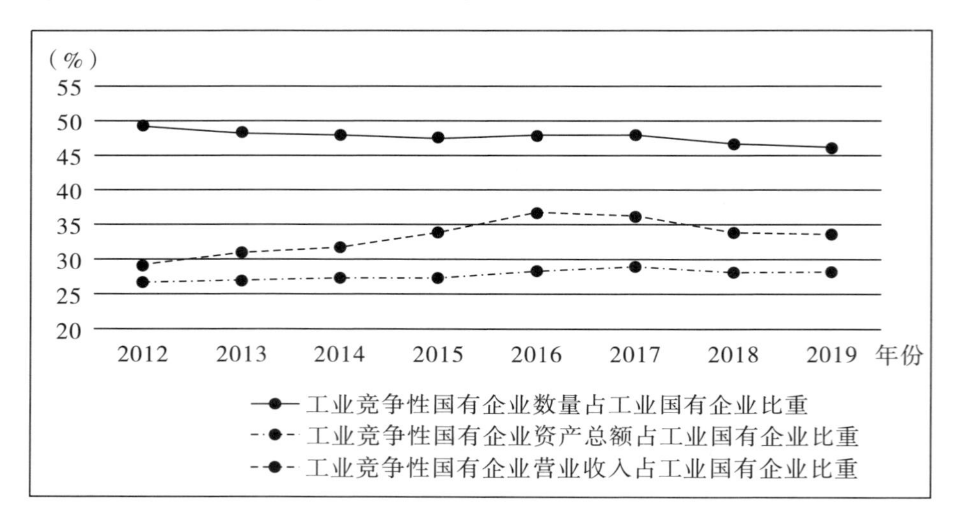

图3－5　2012—2019年工业竞争性国有企业主要指标占工业国有企业比重的变化趋势

数据来源：《中国工业经济统计年鉴》。

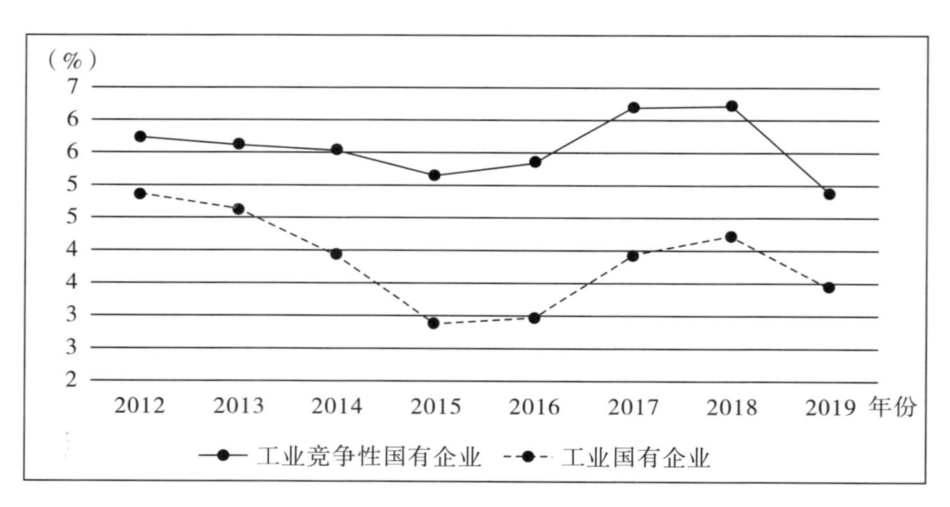

图3－6　2012—2019年工业竞争性国有企业和工业国有企业的资产收益率变化趋势

注：1. 数据来源于《中国工业经济统计年鉴》。

2. 资产收益率＝当年利润总额/资产总额。

二、竞争性国有企业在所有制结构中的变化趋势

从竞争性国有企业混合所有制改革的成效看，中国社会科学院经济研究所课题组（2020）指出，改革开放以来存在着国有经济数量占比下降、民营和外资经济数量占比快速上升的总体变化趋势。“十三五”时期，国有经济、民营经济和外资经济“三分天下”的基本格局趋于稳定。因行业以及资产、就业和具体经营指标不同，三类主体具体占比会有差异。近年来，各个指标占比也有所波动，但在整体经济中，国有、民营和外资经济三种所有制的比例关系已经不再呈现大幅度的趋势性变化，我国公有制为主体、多种所有制经济共同发展的所有制格局已经基本成熟。从企业注册形式看，以股份有限公司、有限责任公司、股份合作企业和联营企业注册的混合所有制经济占比则呈现出快速上升的态势。从竞争性国有企业混合所有制改革的模式看，黄速建等（2020）指出，竞争性国有企业主要通过三种模式，即引入民营资本、引入外资及员工持股，进行混合所有制改革，实现“国、内、外、民”四线联动。其中，外资对竞争性国有企业的绩效影响最大，且员工持股对企业绩效的提升作用有限。

图 3－7 展示了 2012—2019 年竞争性国有企业在竞争性工业企业中资产总额、营业收入和利润总额的比重变化趋势。从图 3－7 可以看出，竞争性国有企业占竞争性工业企业的资产总额比重稳定在20%左右，竞争性国有企业占竞争性工业企业营业收入和利润总额的比重则有缓慢的上升趋势。竞争性国有企业占竞争性工业企业营业收入和利润总额的比重始终低于资产总额所占的比重，说明竞争性国有企业的运营效率和盈利能力还显著低于其他非公有制经济主体。然而，近几年来，竞争性国有企业占竞争性工业企业营业收入和利润总额的比重呈上升趋势，这从另一个侧面反映了我国竞争性国有企业混合所有制改革的成效。图 3－8 展示了 2012—2019 年工业竞争性国有企业与其他竞争性企业的资产收益率变化趋势。从图3－8中也可以看出，竞争性工业部门非公有制企业的资产收益率在不断降低，从 2012 年的 10.5% 降至 2019 年的 6.98%。虽然工业竞争性国有企业的资产收益率持续低于其他竞争性企业，但是两者之间的差距在不断缩小。只要坚持继续深化混合所有制改革，可以预见，竞争性国有企业的运营效率和盈利能力还将得到进一步提高和改善。

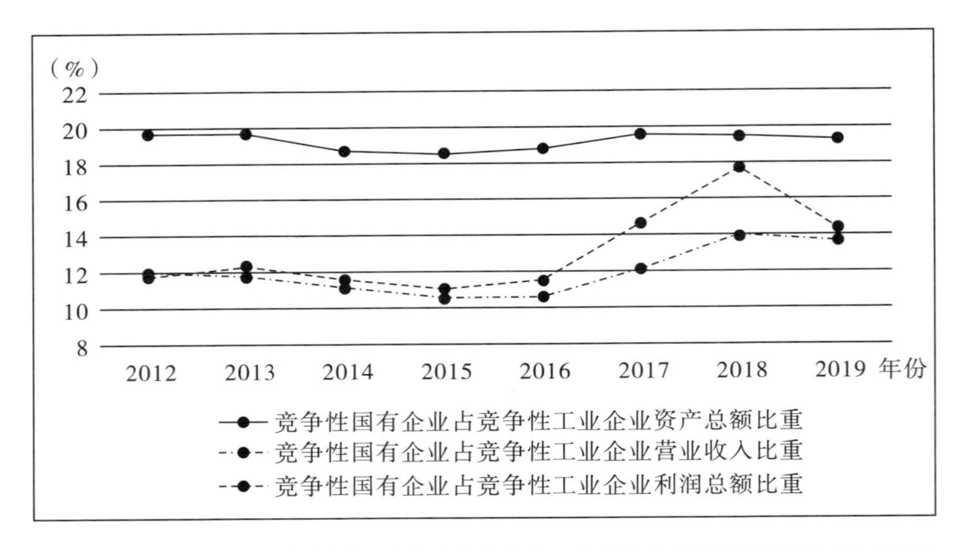

图 3－7　2012—2019 年竞争性国有企业在竞争性工业企业中主要指标的比重变化趋势

数据来源：《中国工业经济统计年鉴》。

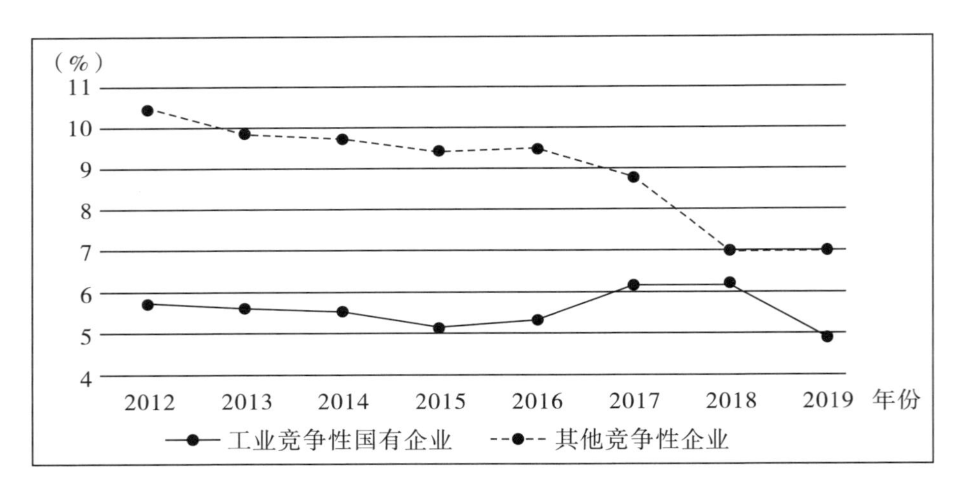

图 3－8　2012—2019 年工业竞争性国有企业与其他竞争性企业的资产收益率变化趋势

注：1. 数据来源于《中国工业经济统计年鉴》。

2. 资产收益率 = 当年利润总额/资产总额。

第三节　竞争性国有企业混合所有制改革的主要堵点及其成因

基于党的十八大精神，“十三五”时期国有企业国资改革从两个层面推进：在宏观层面，基于国有资本功能定位，通过企业战略性重组不断调整国有经济布局；在微观层面，深化混合所有制改革，推进现代企业制度改革和完善公司治理结构。这两个层面都取得了重要进展，但是由于内部产权结构的不明晰以及外部相关法律制度的不完善，竞争性国有企业的混合所有制改革仍然面临不少堵点。

一、在内部治理结构方面，国有企业产权缺位导致“混而不改”以及对民营资本保护不力

根据法经济学的基本理论，清晰的产权界定是市场自由交易的前提。2016 年 8 月 30 日，中共中央、国务院通过的《关于完善产权保护制度依法保护产权的意见》提出，“产权制度是社会主义市场经济的基石，保护产权是坚持社会主义基本经济制度的必然要求”。从《中华人民共和国物权法》的制度实践来看，确实有不少财产虽然有明确的产权归属，但无法在自由市场上交易，比如土地所有权等。此外，还有不少财产在交易中受到了一系列的限制，尤其是国有资产。由于国家所有权缺乏真正的所有权实施主体，具体到国有企业中就是产权缺位问题极其明显。目前来看，国有企业产权缺位带来的改革堵点主要包括以下四个方面。

（一）竞争性国有企业发展的内部激励机制扭曲和不足

民营企业在竞争性市场中能发展壮大，源于其强大的利益驱动，并由此形成了较为规范的激励机制。国有企业很难建立起像民营企业一样的内在激励机制。虽然国有企业上缴财政的利润总量在逐年增加，但所占比重不升反降。如果再考虑国有企业在土地和融资成本方面的独立优势，国有企业的经营状况实际上并不乐观。之所以如此，从根本上说是国有企业产

权缺位所致，产权的缺位导致企业经营的激励机制不足，效益不高，改革停滞；特别是当混合所有制改革企业下属控制的业务子公司构成复杂，既有作为主体的竞争性业务也有其他战略性和公益性业务的时候，单纯在集团公司层面“一刀切”地实施混合所有制改革，无法差异化地充分发挥国有资本和民营资本在不同业务上的积极作用。此外，多数竞争性国有企业的中高层仍是由上级单位任免，带有较浓的行政任命色彩。因为不是市场化选聘的职业经理人，对企业负责人的绩效评价尚不能完全反映其价值贡献，所以为长期激励增加了难度。因此，虽然能够通过经济体制改革给国有企业放权让利，但建立在市场化基础上的激励机制很难通过自上而下的经济体制改革得以完成，薪酬的市场化和差异化还很难实现。激励机制的缺失或不足直接导致国有企业创新和发展动力不足。

（二）“混而不改”导致国有资产运营效率仍然低下，国有资产存在流失风险

国有企业中国有资产流失既可能发生于国有企业改革过程中，也可能发生于国有企业正常经营中。时至今日，在国有企业发展所面临的又一个改革关口，国有资产流失的风险仍然存在。国有资产流失有多个方面的原因，比如国有资产监管机制不够健全，市场在资源配置方面的决定性作用不足等，但是，国有资产所有者主体的长期缺位是造成国有资产大量流失的根源性因素。国有企业产权缺位的最终结果就是“混而不改”，传统低效率的国有企业决策模式没有从根本上被扭转，民营资本的决策能力没有得到充分发挥，谁也不会真正地对国有资产的运营和管理及监督负有责任。这不仅使国有资产在交易上面临较高的社会成本，而且导致地方政府缺乏管理国有资产、保证国有资产保值增值的积极性，容易造成国有资产的大量流失。

具体来看，原因主要包括两大方面。第一个方面，由于竞争性国有企业的公共属性和特殊定位，因而其很多项目缺乏理想的盈利空间，对非国有资本缺乏吸引力。第二个方面，国有企业的很多项目都是投资体量比较大的项目，且其非经营性资产体量大，难以盘活。国有资本产权缺位导致的内部激励机制不足，极大地削弱了国有企业决策和国有资产运营的有效性。国有经济布局过宽过散，一些企业生产效率不高，“大而不强”“大而不优”的问题长期得不到有效解决。新的经济模式的不断涌现，国有企

业投资地区、规模和领域的不断拓展，各种新经济和新业态的涌现和叠加，对国有资产的监督机制和监管能力提出了更高的挑战。监督机制的不完善和监管难度的加大将导致国有资产流失、国有企业高管犯罪的风险大大提升。

（三）国有资本与民营资本难以深度融合，非公有制经济参与混合所有制改革动力不足

竞争性国有企业的混合所有制改革寄希望于各类资本可以协作共赢、实现包容性发展，但现实却复杂得多，很容易引发各种矛盾和问题。有一些民营企业为了突破目前民营经济面临的各种障碍，例如行政制约和政策制约、融资难和融资贵以及市场准入壁垒等，选择参与竞争性国有企业的混合所有制改革。在股权上完成国有和非国有股份混合后，民营企业发现，公司治理结构、国资委管理方式并没有发生根本性变化。混合仅仅停留在产权层面，国资管理体制仍未实现从管资产向管资本的实质转变，国资委赋予竞争性国有企业的授权不充分，还将国有控股的混合所有制企业与国有企业同等进行管理，治理层面未能形成协调不同产权股东利益冲突的治理机制，企业的日常运营和各项投资决策仍然受到诸多限制，“政企分开”“政资分开”尚未完全实现。民营企业不仅无法享受原本期望的政策优惠和倾斜，反而需要承担各种风险和成本，退出也非常困难。由于存在定位、理念及决策流程的差异，国有企业与民营企业之间可能因为投资比例、经营管理权、收益分配、投资决策、经营理念和目标分歧等，争权夺利、相互拆台、相互掣肘，最终导致经营和决策效率低下。

公司化治理和市场化经营是判断混合所有制改革是否成功的重要标准和表现。笔者认为，表面上看，竞争性国有企业在混合所有制改革后难以成功建立完善的现代企业制度的原因是公司治理结构的问题，实际上是产权制度和法律法规不健全，国资监管部门给竞争性国有企业授权不充分、权责不明晰的问题，具有深刻的历史根源和制度根源。目前存在的“混而不改”“混而不合”的问题，极大地打击了民营企业参与竞争性国有企业混合所有制改革的积极性。民营企业虽然希望通过参股国有企业获得更多的市场和资源，但不仅害怕混合后缺乏话语权，不能正常参与公司决策程序，自身利益会因此而受损，还担心混合后无法摆脱行政性干预，降低活力和效率。这种现象背离了改革的初衷，不利于竞争性国有企业混合所有

制改革的进一步深入，也不利于新发展阶段我国经济的高质量发展。

（四）国有企业高管职务犯罪现象难以根除

国有企业发展激励约束机制的不足和国有资产流失风险的加剧，可能会进一步增加国有企业高管职务犯罪的趋势。国有企业产权缺位的制度现状导致竞争性国有企业在通过股份制改造进行混合所有制改革之后，由于作为出资人的委托人与作为经营者的代理人（竞争性国有企业的高管）目标不一致及信息的非对称性，就可能会发生代理人利用委托人的授权谋求自身利益最大化，从而产生所谓的代理问题。因此，国有企业不仅要建立有效的激励机制，还要构建完善的约束机制。随着国有企业改革的深入推进和新的经济模式的不断涌现，国有企业高管职务犯罪的机会可能会更加多样和隐蔽。

二、在外部制度方面，相关法律制度不完善导致政府与市场的边界不清

竞争性国有企业混合所有制改革的有序发展需要明晰的产权制度和健全的法律法规保驾护航。对各类产权主体形成平等保护是成熟的市场经济体系的基本要求。从总体上看，我国关于促进国有企业混合所有制改革和民营经济高质量发展的政策法规体系已经在不断完善，并取得了积极的进展，但是目前我国产权制度改革滞后和法律法规体系不完善的问题仍然存在，产权保护力度不够、政策执行落实不到位等仍是一些地方的突出问题。很多混合所有制改革中产权相关的关键问题尚未得到明确的回答，相关理论研究和制度构建无法满足实践发展和改革推进的需要。例如，混合所有制是否允许民营资本绝对或相对控股？混合产权安排是否动摇了公有制经济的主体地位？是否会引发“国进民退”？对这些问题的模糊认识直接导致竞争性国有企业的改革进退两难，特别是对那些业务构成复杂（虽涉及战略性行业，但主体业务又处于竞争性行业）的竞争性国有企业来说，尤其如此。如何在符合市场决定资源配置的基本要求下，实现竞争性国有企业改革的进一步推进，当前仍然存在较大争议，也无更多的国内外经验可借鉴。

孙晋、徐则林（2020）指出，2020 年 5 月 28 日通过的《中华人民共

和国民法典》虽然对“营利法人”进行了专门规定，赋予了国有企业法人地位，但是《中华人民共和国民法典》回避了公益类国有企业和竞争性国有企业的法律定位与法律属性区隔，在一定程度上为国有企业改革埋下了不确定性风险。他们同时指出，与国有企业经营和改革密切相关的法律，例如《中华人民共和国工业企业法》《中华人民共和国公司法》《中华人民共和国国有资产法》《中华人民共和国反垄断法》等，没能与时俱进、及时废改，制度供给滞后于现实需要。中国社会科学院工业经济研究所课题组（2020）也指出，《中华人民共和国反垄断法》和《中华人民共和国反不正当竞争法》的执法范围、执法标准还有待进一步明确，对于不同所有制企业还存在差别执法的情况，对商业贿赂、价格垄断等违法违规行为处罚力度不够，监管手段不足。这些因素叠加起来，可能会导致竞争性国有企业在适用这些重要法律时陷入困境，降低了相关法律法规的指导和威慑效果，反过来严重影响了改革的进程。外部制度不完善为竞争性国有企业改革造成的堵点，具体来看主要有以下的三个方面。

（一）部分地方政府对竞争性国有企业给予的资源倾斜

在我国，相较民营企业和外商投资企业，国有企业有着毋庸置疑的优势地位。中国社会科学院工业经济研究所课题组（2020）指出，在财产权利的法律保障方面，私有产权与公有产权相比处于弱势地位，特别是现有法律条文对不同所有制经济产权保护程度有差异，不同产权主体平等竞争的基础不够稳固。部分地方政府对不同所有制企业的服务质量存在差异，突出表现在对大企业、国有企业服务较为主动，但对小微企业的服务方式还有待创新。一些地区“放管服”改革缓慢，仍以关系型而非市场化治理手段管理各类市场主体，差别化、低质化的政务服务不利于多种所有制企业共同发展。

（1）国有企业未能彻底实现市场化，民营企业和外资企业亦未能摆脱政府的“非中立干预”。这种“非中立干预”不仅表现在市场准入、交易条件等微观市场规制的规则层面，也常表现在金融调控、税收标准等宏观调控层面，造成了更为广泛的影响，不仅使得竞争性国有企业难以适应市场环境，企业生产经营效率低下，同时也使民营经济发展步履维艰，从资金到政策上都可能受到一定的限制。

（2）国内现行法律对国有企业这一主体的适用可能存在模糊性和间接

性。《中华人民共和国反垄断法》并没有对竞争性国有企业垄断行为的表现形式和法律责任进行明确界定，反垄断执法机构对国有企业的监管和执法的正向激励不足。在此环境中获得成功的部分国有企业并不是基于公平竞争，而可能是获得了财政支持、税收优惠等不平等的竞争优势。此外，某些地方政府在市场准入或者政府采购方面对国有企业的优惠待遇将会使这一竞争优势得到进一步强化。

（3）政府对竞争性国有企业给予的资源倾斜，可能会导致企业生产经营效率低下，也可能会导致政府隐性债务的膨胀，财政风险不断叠加累积。根据审计署对我国地方政府隐性债务举债主体的统计结果，截至2013年6月，地方政府可能承担一定救助责任的债务合计43393.72亿元，其中融资平台公司20116.37亿元，占比46%，国有独资或控股企业（简称“国有企业”）14039.26亿元，占比32%，二者共占比接近80%，国有企业尤其是经营效率低下的竞争性国有企业是政府隐性债务负担的一个重要来源。根据郭敏等（2020）的研究，财政分权和金融隐性分权是我国地方政府隐性债务形成的制度背景，地方国有企业是分权体制下地方政府可支配资源的承载主体。在这种具有中国特色的财政分权体制下，地方政府在辖区经济发展中发挥着主导作用。而由于地方国有企业是地方政府事权的执行者，是地方政府投入资源的承载主体，因此，不论是融资平台企业还是一般地方国有企业，发挥政策工具作用均需要获得外部资金支持，隐性金融分权就为地方国有企业获得外部资金提供了便利。在财政分权和金融隐性分权的双重影响下，我国源于地方国有企业的地方政府隐性债务规模大幅扩张，并在此过程中积累了大量风险。

（二）外部法律对竞争性国有企业的法人治理和经营方式的规定尚不够规范和科学

按照《关于深化国有企业改革的指导意见》和《关于进一步完善国有企业法人治理结构的指导意见》的要求，竞争性国有企业的组织结构也遵循《中华人民共和国公司法》的要求，具有公司组织架构和治理机制的共性。但是，由于出资人身份、董事会制度、党组织对国有企业治理的介入等方面的特殊性，竞争性国有企业的组织架构实际上与一般公司的组织架构具有明显的区别。具体而言，在治理结构方面，我国国有企业改革的目标是完善中国特色现代企业制度，这也是国有企业改革三年行动聚焦的重点任务之一。中国特色现代国有企业制度的“特”集中体现在把党的领导融入公司治理各环节，把企业党组织内嵌到公司治理结构之中。这是我国现代国有企业制度区别于西方公司治理结构的重要特征。因此，目前《中华人民共和国公司法》还无法将竞争性国有企业纳入统一的标准和体系予以规范和管理，导致竞争性国有企业的法人治理和经营还存在很多不规范、不科学的问题。

（1）在竞争性国有企业中，国有资本的出资人是国家，由国资委作为出资代表人。因此，竞争性国有企业存在国有资本和非国有资本两类异质性的股东，两类股东的利益诉求不完全一致，在企业的日常治理和长远战略的制定上，都有不同的考虑，这导致在企业的治理结构中可能会产生制衡和冲突。

（2）竞争性国有企业董事会制度的建立和运作不仅体现国家资本的意志，还体现党组织的政治核心作用。一般公司的董事会属于公司治理结构三权分立中的制衡机制之一，在竞争性国有企业实施混合所有制改革过程中，民营股东会直接派任代表自己利益的董事入驻董事会，这是民营股东直接参与竞争性国有企业公司治理的一个重要途径。然而，在实际运作中，竞争性国有企业董事会的建立和构成仍然带有我国的特色。党组织虽然不是国有企业进行决策的最高部门，但是对重大的人事任免、改革、决策等事务负责，对管理团队进行全面的监督，保证企业的运行更加规范合理，同时落实国家各项政策，把竞争性国有企业的政治优势化为内在动力。

（3）一般公司设置的都是内部监事会制度，而竞争性国有企业则设置外部监事会制度，并且其是出资人代表的权能机构，是与董事会共同维护出资人利益的双重保险制度。

因此，在国有资本掌握控股地位的情况下，国有企业中的民营经济力量难以发挥其优势，仍是目前竞争性国有企业混合所有制改革中面临的突出问题。虽然在竞争性国有企业混合所有制改革的过程中，民营股东能够派任董事、监事和高级管理人员参与企业的公司治理，但是，如果民营股东仅仅是在股权层面参与国有企业混合所有制改革，而未获得相应的控制权，话语权与决策权有限，无法实质性地参与改制后国有企业的治理，那么民营股东就会成为一般的财务投资者，无法充分发挥其自身的治理优势和制衡作用，导致竞争性国有企业监督制衡机制失效和企业运营效率长期低下。在职业经理人制度落实困难，董事会、总经理、经营管理层、党委会与经营层的权责界限没有划分清晰的情况下，企业很难形成一个科学合理的内部决策机制。此外，合理监督机制的缺失极易诱发国有企业内部腐败的问题。

（三）竞争性国有企业的国有资产监管体制不完善

现阶段，国资委的监管模式已经不再是原有的直接监管形式，而是中介间接监管和直接监管共同存在的形式。国资委进行监管工作的模式是通过与国有资产建立所属的公司关系来共同进行管理，将此作为企业产权的平台支撑，将权力下放给资产运营和管理公司进行经营，而国资委仅仅对这些国有企业负责而监管的力度有所减弱。除了国资委的监管以外，我国还存在其他层级的对竞争性国有企业的监管，例如纪委及审计机关等政府层面的反腐监督、以律师事务所为代表的中介机构以及产权评估机构等部门的社会监督、竞争性国有企业公司治理结构中监事会的外派监督以及其他企业内部的监督制度。企业内部监管机制与外部监管主体合力，共同监管企业的运营。总的来说，目前，竞争性国有企业运营和国有资产的多层级监管体制还存在以下几个尚未解决的问题。

（1）缺乏专门的行政监管机构，仍以传统的行政审批干预为主，可能缺乏对竞争性国有企业的常态化的监督和服务意识。在现代企业制度的框架中，“产权明晰”要求出资人必须存在。但是，不管是在精力上，还是在专业能力上，国资委都很难胜任出资人的全部角色；再加上当前竞争性国有企业仍然存在决策链条过长、事前的行政审批干预过于严苛等问题，导致企业生产经营效率低下的状况没有从根本上得到逆转。

（2）社会监督机制亟待完善，公众参与度较低。虽然《中华人民共和国企业国有资产法》明确了社会公众有权监督国有资产，但由于其规定原则性很强，缺乏实际可操作性，无法使社会公众参与对国有资产的监督和管理，社会公众应有的监督作用的发挥得不到全面实施。同时，该法的规定存在不明确之处，如由政府的哪个部门负责向社会公众公布国有资产的状况，政府部门应该予以公布的信息范围有哪些，广大社会公众怎样求证政府部门公布的信息的真实性，社会公众通过什么途径去行使这项监督权，等等。这种缺陷使社会公众的监督权停留在自发的个案检举和控告阶段，无法形成系统化、制度化的监督内容。

（3）缺乏对境外国有资产的全面有效监管。从规则的范围上看，企业化的国有资产既包括境内部分，也包括境外部分。在当前世界经济快速发展的过程中，这部分资产将会进一步扩大，这种趋势也为我国的经济发展带来巨大的考验。境外资产的运营作为对外经济交流的重要组成部分承担着对内引进外资、对外展示中国经济面貌的重要使命。但是我国目前对境外国有资产的监管还比较缺乏。

总的来看，我国竞争性国有企业混合所有制改革存在内部和外部堵点，归根到底，都是政策不健全、制度不完善和产权界定不清晰、产权保护不全面所造成的。由于在某些关键的问题上缺乏足够的经验，而且存在一定的路径依赖，很多问题在理论上尚未得到明确的回答，无法实现从理论指导到制度建设再到实践落实的平稳过渡。这启示我们，在竞争性国有企业混合所有制改革的进程中，必须从构建科学的理论体系和健全的制度体系入手；必须总结已有的改革经验，把改革的成果用原则和规则固定下来，修订完善涉及竞争性国有企业及其混合所有制改革的法律法规，发挥理论的引导作用以及制度的规范作用，从根本上消解国有企业改革的问题和困境，为改革保驾护航，成为新发展阶段继续深化改革的动力。

第四节　本章小结

2021 年是国有企业改革三年行动的攻坚之年、关键之年。混合所有制改革是国有企业改革的重要突破口，是新一轮国有企业改革的两大重点之一。在国有企业的两种主要类型中，相比公益类国有企业，竞争性国有企业的市场属性使其具备了承担一定试错成本的能力，在国有资本运营公司设立、双创企业改革试点、混合所有制改革、董事会职权试点、职业经理人试点等领域，越来越成为国有企业改革的先行领域和必然选择。因此，在新一轮的国有企业改革中，必须着力解决竞争性国有企业面临的问题，才能充分发挥竞争性国有企业的作用，稳步推进国有企业改革的进程。本章通过明晰竞争性国有企业的概念、性质、定位、历史和现状，剖析了当前竞争性国有企业混合所有制改革中面临的特殊问题及其成因，为下一步提出深化竞争性国有企业混合所有制改革的理论与现实路径奠定基础。

首先，笔者指出竞争性国有企业的概念与我国国有企业分类改革的整体思路高度一致，是区分于公益类国有企业的一种国有企业的主要类型。竞争性国有企业同时具有市场属性和公共属性。本章通过对竞争性国有企业与民营企业和公益类国有企业的比较，突出了其市场属性和公共属性的独有特征以及这两种属性结合的具体表现。同时，由于理论界和实务界尚未就竞争性国有企业涵盖的行业范围达成一致的结论，本章基于已有的文献，对竞争性行业的范围进行了界定，为下文对竞争性国有企业和公益类国有企业进行分开统计和比较分析奠定了基础。本章基于针对国有企业改革及混合所有制改革的重要会议、文件及政策，对竞争性国有企业在改革中的定位及其变化历程进行了梳理，目的是明晰竞争性国有企业在新发展阶段改革中的定位，为分析指明方向。

其次，在明晰竞争性行业的具体范围的基础上，本章以工业企业为例，运用大量的统计数据，对竞争性国有企业发展的历史和现状进行了量化分析。笔者选取了资产总额、营业收入、利润总额和资产收益率等衡量国有企业发展和运营水平的重要指标，通过与公益类国有企业和非公有制企业的比较，对竞争性国有企业的规模和竞争力进行了整体的判断。本章指出，竞争性国有企业基本实现了“做强做优做大”的目标。整体而言，竞争性国有企业的数量与公益类国有企业大致相当，但是由于行业属性的区别，竞争性国有企业的总规模和单位企业资产数额都低于公益类国有企业。同时，竞争性国有企业的运营效率和资产收益率持续高于公益类国有企业，体现了其市场属性。通过与非公有制企业的比较可以看出，竞争性国有企业的运营效率和盈利能力虽然在不断提高，但是与非公有制企业还有一定的差距，还需要进一步提质增效，实现高质量发展。竞争性国有企业通过近年来的混合所有制改革等，市场竞争力不断提高，与非公有制企业在运营效率和盈利能力方面的差距也在持续缩小，呈现出不断改善和优化的趋势。

最后，在基于定性和定量分析的基础上，笔者剖析了竞争性国有企业面临的特殊问题及其成因。第一，对于在国有企业改革中一直被公众担忧的公司治理结构不规范、国有企业享受过多资源和政策倾斜等问题，笔者认为可能是由于相关法律制度不完善，以及中国特色现代国有企业制度尚未完善，导致混合所有制改革中遇到很多现实问题，无法在已有的法律中找到明确的回答和解决办法。第二，关于竞争性国有企业内部激励不足、国有资产面临流失风险以及高管职务犯罪的问题，笔者认为是由于产权制度的不够完善导致国有企业产权缺位，以及混合所有制改革对私有产权保护不足或不力。在分析竞争性国有企业在混合所有制改革中面临的问题时，笔者认为，这些问题的产生和表现，与我国国有企业的属性密切相关，具有深刻的历史和制度根源，需要通过完善我国目前的产权制度和法律政策，才能从根本上得到解决。需要强调的是，我国目前竞争性国有企业的混合所有制改革中还有很多重要的理论问题尚未得到明确的回答。目前存在的“一刀切”和“一混就灵”的认识与理论的缺位也有密切的联系。这也启示我们，必须构建科学的理论体系，发挥理论的指导和引领作用。

第四章

深化竞争性国有企业混合所有制改革的制度保障

本章在前面理论研究的基础上，结合中央关于国有企业混合所有制分类改革的总体要求和“1＋N”政策体系，以及前文提出的深化竞争性国有企业混合所有制改革的理论框架和未来改革应遵循的路径，具体提出深化竞争性国有企业混合所有制改革的制度保障，从内部治理和外部治理两个方面提出应怎样构建完善的竞争性国有企业的外部制度和内部制度，为持续深化和推动竞争性国有企业混合所有制改革提供根本的保障措施。

第一节　竞争性国有企业混合所有制改革的战略规划

一、中央关于竞争性国有企业混合所有制改革的政策精神

关于竞争性国有企业改革，国家并没有颁布专门的文件对其做出规定，相关的政策精神主要散见于“1＋N”政策体系的相关文件之中。从这些文件当中我们可以看出，竞争性国有企业在混合所有制改革中具有特殊的重要地位，其混合所有制改革的核心思想就是通过在企业外部和内部引入市场机制以处置不良资产、激发国有资产活力，使竞争性国有企业成为真正的市场主体。因此，竞争性国有企业的混合所有制改革是新一轮国有企业改革中应用市场机制激发国有资产活力的关键所在。相对于另外两类——国有企业战略性和公益性国有企业来说，竞争性国有企业混合所有制分类改革的特点主要体现在以下五个方面。

（一）竞争性国有企业改革的指导思想

按中央关于国有企业混合所有制分类改革的精神，竞争性国有企业属于商业类国有企业，“商业类国有企业以增强国有经济活力、放大国有资本功能、实现国有资产保值增值为主要目标，按照市场化要求实行商业化运作，依法独立自主开展生产经营活动，实现优胜劣汰、有序进退。……商业类国有企业和公益类国有企业作为独立的市场主体，经营机制必须适应市场经济要求。……商业类国有企业要按照市场决定资源配置的要求，加大公司制股份制改革力度，加快完善现代企业制度，成为充满生机活力

的市场主体”（《关于国有企业功能界定与分类的指导意见》，国资发研究〔2015〕170号）。其中，竞争性国有企业作为商业类国有企业的其中一类，“原则上都要实行公司制股份制改革，积极引入其他资本实现股权多元化，国有资本可以绝对控股、相对控股或参股，加大改制上市力度，着力推进整体上市”（《关于国有企业功能界定与分类的指导意见》，国资发研究〔2015〕170号）。“按照市场化、国际化要求，以增强国有经济活力、放大国有资本功能、实现国有资产保值增值为主要目标，以提高经济效益和创新商业模式为导向，充分运用整体上市等方式，积极引入其他国有资本或各类非国有资本实现股权多元化。坚持以资本为纽带完善混合所有制企业治理结构和管理方式，国有资本出资人和各类非国有资本出资人以股东身份履行权利和职责，使混合所有制企业成为真正的市场主体。”（《国务院关于国有企业发展混合所有制经济的意见》，国发〔2015〕54号）

（二）竞争性国有企业的发展战略

“对主业处于充分竞争行业和领域的商业类国有企业，要支持和鼓励发展有竞争优势的产业，优化国有资本投向，推动国有产权流转，及时处置低效、无效及不良资产，提高市场竞争能力。”（《关于国有企业功能界定与分类的指导意见》，国资发研究〔2015〕170号）

（三）竞争性国有企业的国有资本监管

“对主业处于充分竞争行业和领域的商业类国有企业，重点加强对集团公司层面的监管，落实和维护董事会依法行使重大决策、选人用人、薪酬分配等权利，保障经理层经营自主权，积极推行职业经理人制度。”（《关于国有企业功能界定与分类的指导意见》，国资发研究〔2015〕170号）总的来说，该方面改革的核心思想在于减少决策链条，促使国资监管职能从事前审批向事中、事后监管转变，保障企业决策的自主权，使市场机制在竞争性国有企业决策中发挥主导作用。

（四）竞争性国有企业的定责考核

“对主业处于充分竞争行业和领域的商业类国有企业，重点考核经营业绩指标、国有资产保值增值和市场竞争能力。”（《关于国有企业功能界定与分类的指导意见》，国资发研究〔2015〕170号）在中央企业层面，国家就竞争性中央企业的考核提出了更细致的考核办法。根据《关于完善中央企业功能分类考核的实施方案》（国资发综合〔2016〕252号），关于竞争性中央企业的考核具体还包括以下三个方面：①突出资本回报的考核要求。将企业经济增加值和盈利状况作为年度考核重点，根据企业资本结构和行业平均资本回报水平，加强与资本市场对标，确定差异化的资本成本率。将国有资本保值增值能力和可持续发展能力作为任期考核重点，加强对企业中长期业绩的考核。②根据不同行业特点、发展阶段、管理短板和产业功能，合理确定不同企业的考核重点，设置有针对性的考核指标。③鼓励企业在符合市场经济要求的前提下积极承担社会责任。总的来看，竞争性国有企业的考核重点在于国有资产整体的市场绩效。

（五）竞争性国有企业的员工持股试点

在新一轮的国有企业改革中，员工持股制度的试点是其中一项重要内容。考虑到当前国有企业在许多方面存在制度不完善的现状，试点主要在股权结构合理、治理结构健全和利润相对独立的竞争性国有企业中实施。根据2016年国务院国资委、财政部和证监会联合颁发的《关于国有控股混合所有制企业开展员工持股试点的意见》（国资发改委〔2016〕133号）（以下简称《试点意见》），我国开始在满足相关条件的竞争性国有企业中实施员工持股试点，其中优先支持人才资本和技术要素贡献占比较高的转制科研院所、高新技术企业、科技服务型企业（以下统称“科技型企业”）开展员工持股试点；而试点的员工对象主要是在关键岗位工作并对公司经营业绩和持续发展有直接或较大影响的科研人员、经营管理人员和业务骨干。

《试点意见》规定，在持股比例方面，员工持股比例应结合企业规模、行业特点、企业发展阶段等因素确定。员工持股总量原则上不高于公司总股本的30%，单一员工持股比例原则上不高于公司总股本的1%。在股权结构方面，实施员工持股后，应保证国有股东控股地位，且其持股比例不得低于公司总股本的34%；在股权分红方面，员工持股企业应处理好股东短期收益与公司中长期发展的关系，合理确定利润分配方案和分红率；在管理权参与方面，员工所持股权一般应通过持股人会议等形式选出代表或设立相应机构进行管理。该股权代表或机构应制订管理规则，代表持股员工行使股东权利，维护持股员工合法权益。

总的来说，从政策文件中体现的精神可见，竞争性国有企业实施员工持股的目标主要是在确保国有股东控股地位的条件下，激励那些对公司经营业绩和持续发展有关键影响的员工服务于公司的长期发展。

根据中央提出的改革指导思想和战略规划，竞争性国有企业混合所有制的分类改革，从根本上来说就是处理好两方面的问题：①竞争性国有企业的治理结构，即企业的内部治理。按中央的指导思想和战略规划，这主要包括两个方面：首先是建立所有者与委托者之间的、适应充分竞争市场环境的委托代理机制，包括减少决策链条，促使国资监管职能从事前审批向事中、事后监管转变，保障企业决策的自主权等，其次是配置多元化的所有权结构，在竞争性国有企业中引入民营企业市场化决策机制的"基因"，包括运用整体上市等方式积极引入其他国有资本或各类非国有资本实现股权多元化，最终使国有资本出资人和各类非国有资本出资人以股东身份履行权利和职责，使混合所有制企业成为真正的市场主体等。②国有企业与政府和竞争性市场的关系，即竞争性国有企业的外部治理。按中央的指导思想和战略规划，要更多地让良好的市场竞争机制在引领竞争性国有企业发展上起主导作用；政府作为监管者，其功能则主要在于保障市场竞争机制的顺畅运行。

对应到经济学的理论上，处理企业内部委托代理问题的，主要用到的是不完全信息与委托代理理论；处理企业内部所有权结构问题的，主要用到的是不完全契约与产权理论；而处理企业外部治理问题依据的基准理论则主要是寻租和管制理论。本节将基于这三个基准理论，将理论与现实相结合，分析如何解决竞争性国有企业在混合所有制分类改革过程中面临的外部和内部治理问题；最后以中央关于竞争性国有企业混合所有制改革的指导思想和战略规划为前提、以经济学理论为框架，提出深化竞争性国有企业混合所有制改革的现实路径设计，为后续提出改革的制度保障措施奠定理论基础。

二、竞争性国有企业混合所有制的内部治理改革路径

如果说外部制度从根本上决定着哪些企业"成功"、哪些企业"失败"，那么内部治理结构则决定了企业以怎样的科层组织结构去实现"成

功”。按企业内部权力结构分类，主要的内部制度措施包括两个方面：①决策和管理层方面。应通过《中华人民共和国公司法》在竞争性国有企业中的落实和应用，合理分配和设计“三会一层”的权力及其关系，保障竞争性国有企业的决策和管理机制能够充分适应竞争性的外部市场环境。②员工层面。应改革企业的用工制度和完善员工持股制度，既有效剥离长期以来竞争性国有企业中的“办社会”包袱，构建市场化的用工机制，又能有效激励员工为公司的长远利益服务。

（一）在委托代理机制方面

竞争性国有企业的所有权实施始终很难追溯到“最终委托人”，而“代理人”则难以实现有效的代理。相较于非国有企业，国有企业——尤其是竞争性国有企业——的委托代理成本极高。其原因主要有以下三点。

（1）竞争性国有企业中普遍存在所有者缺位的问题，“最终委托人”界定不清，真正的所有者在信息获取上受到一定的阻碍。由于竞争性国有企业最终归全民所有，所以相比于非国有的竞争性企业，其所有者更为分散和模糊。这样就使得真正的所有者并未实际参与到企业的监督和管理当中，也就是所谓的“所有者缺位”问题。这就为代理人基于最大化自身利益的目标进行决策提供了缝隙，最终影响企业价值。政府与不同企业之间过长的委托代理链条加剧了信息不对称，作为代理人的政府没有能力履行监管职责，加之政府的非自然人属性，导致委托人事实上的虚置。为缓解管理层的道德风险，政府只能不断强化对管理层的监管，因此不可避免地导致了竞争性国有企业政企不分、政资不分的现象。一方面，虽然国资委传统的“管人、管事、管资产”模式形式上解决了国有资本最终出资人缺失的问题，但是在实质上，竞争性国有企业的主要负责人仍然由组织部门任命，管理层由国资委任命。国有企业的经营活动需要层层审批；层层下压的国有资产保值增值责任，使得国有企业的监管者和管理层有扩大企业规模的内在动力，可能导致国有企业大而不强。另一方面，政企不分的情况下产生的政策性负担导致竞争性国有企业受预算软约束，因而无法为实现灵活的、竞争性的市场目标而运作，社会性负担与战略性负担制约了竞争性国有企业效率的提升。但对于政府与高管人员而言，政策性负担却又为其带来了晋升机会，这便导致国有企业经理人更愿让企业承担更多的政策性负担。国有资本股东亦由于其行政属性，会努力追求其社会化的多元目标，例如，保证就业、做大规模而非注重回报，不能或者不愿从经济角度出发为代理人设置相应的激励或约束。这将使得竞争性国有企业经营偏离在市场竞争的条件下的盈利目标，损害非国有投资者的利益，不利于提升公司价值。

（2）竞争性国有企业普遍面临决策链条过长的问题，导致有效的代理难以实现。民营企业是由委托人直接授权职业经理人管理企业的，而国有企业则要经过三层委托代理关系管理企业，即国家将国有资产委托给国资委，国资委将国有资产的运营权委托给国有资产运营公司，国有资产运营公司对国有企业的管理经营实行监控管理。政府委派的国有企业管理人员虽然作为国家的代理人，代替股东行使了经营管理权，却不会被要求与股东、企业一起面临风险和承担利润损失，因此往往没有压力，也缺乏积极性，加之国有企业经理人的机会主义动机又导致了在职消费问题产生。过长的代理链条导致信息高度不对称和信息传递失真，因而准确的信息获取能力是评判代理人经营结果好坏的重要指标。在国有企业，信息的获取更为困难，对于处于充分竞争领域的竞争性国有企业而言更是如此，政府往往处于信息掌握的劣势地位，对分散的、瞬息万变的市场信息难以充分掌握。因此，决策链条过长不仅使得竞争性国有企业难以贯彻实践国家和人民对社会主义公有制的要求和期望，还使得企业自身难以适应瞬息万变的竞争性市场环境。

（3）竞争性国有企业面临着充分竞争的市场环境，但其内部管理人员聘用的市场化程度不足，多由上级委派，而相关薪酬也多以行政手段加以管理。高管的行政任命过程缺乏实际所有者的直接监督，而且国有企业经理层普遍具有行政身份，相较于固定的货币薪酬，经理层会努力追求其自身的人力资本价值最大化，而非满足委托人剩余索取权的最大化，从而导致代理人偏离了国有资产保值增值的目标。

要解决国有企业中普遍存在的较为严重的信息不对称及委托代理堵点——市场信息缺乏、企业决策链条过长、企业高管激励机制扭曲和不足等，真正实现竞争性国有资产的保值增值，就必须发展混合所有制，通过“嗅觉敏锐”的非国有资本把市场信息引入竞争性国有企业的决策和经营管理过程中，缩短决策链条以减少市场信息的失真并保障市场信息的时效性。借助混合所有制的企业组织形式，民营资本等非国有资本加入国有企业，发挥不同资本间的信息互补效应，竞争性国有企业将能够适应充分竞争的市场环境。新加入的民营资本所有者能够从各个渠道了解更多、更可靠的市场信息来判断公司发展状况以及管理者的经营管理能力；当管理者无法有效应对充分竞争的市场环境时，能够向其施加辞退压力。如果非国有资本的持有者能够成为竞争性国有企业的真实所有者，扮演了实实在在的委托人角色，将能够依托其信息优势为竞争性国有企业带来更多的有效决策和监督。非国有股东在获得企业的一定所有权后，为了保障自身利益并使企业价值最大化，将有充分的激励去完善管理层监督和激励机制，缓解管理层的机会主义和道德风险，迫使管理者将重心放到有效应对市场竞争环境之上；也会有充分的激励去完善竞争性国有企业的市场化薪酬激励机制，最终实现提升企业经营绩效的目的。

（二）在产权结构方面

根据不完全契约与产权理论，要解决竞争性国有企业的经营效率不足问题，除了引入充分的市场信息之外，还要使得拥有充分信息的所有者能够对企业的经营管理施加足够的影响力。这就要求竞争性国有企业必须更深入地推行混合所有制改革，引入非国有股东及其决策权力，构建多元化的所有权结构。在构建多元化所有权结构的过程中，非国有股东的加入使得市场化的因素融入了竞争性国有企业，从而有利于促进更为合理、灵活的决策机制的形成。民营资本股东能够对国有资本股东与管理层起到制衡的作用，缓解因契约不完全而导致的国有资本股东与管理层决策效率低下、市场信息不足等问题，从而最大化竞争性国有企业的市场价值。

综上所述，要解决竞争性国有企业混合所有制改革“混而不改”、非公有制经济参与混合所有制改革动力不足以及决策机制缺乏市场敏感度这些堵点，关键在于构建多元化的所有权结构，对非国有资本参与者赋权。多元化所有权结构的作用主要体现在：竞争性国有企业的混合所有制改革通过引入非国有资本参与国有企业的战略决策和经营管理，赋予非国有资本相应的决策权力，在股权上同国有股东之间形成互补和制衡作用。在竞争性国有企业中引入民营资本参与决策管理，不仅能够引入企业经营所亟须的市场信息，而且引入了能充分适应市场竞争的灵活的决策机制，同时在一定程度上也能起到监督和约束国有大股东及内部人员的作用，从而为企业经营绩效的提高提供可能。国有股东比例过高，很可能会导致相对分散的非国有股东的监督与制衡机制失效，其适应于市场的高效决策机制难以发挥作用（郝云宏、汪茜，2015；孙鲲鹏等，2021）。要改善这一困境，一方面，民营资本股东可以参加股东大会，并提出相关建议，监督和制衡第一大股东，也可以引入其他的关系股东以增强自身的制衡实力，必要时去阻止国有资本股东的投资决策；另一方面，民营资本股东可以在董事会委派董事以增加对决策和经营管理的话语权。董事会是公司最重要的经营决策机构。非控股股东在董事会中派驻董事，是保障其权益的重要途径。相较而言，民营资本股东更有动力关心企业的经营绩效，因此，其委派的董事在董事会中更可能发挥积极的治理作用。另外，民营资本股东派驻的董事更有可能在股东大会上体现其他非国有资本股东的意愿，更独立于国有资本股东。一般而言，国有资本股东对独立董事的选拔影响很大。因此，民营资本股东派驻董事可以增强其监督能力，使其适应于市场竞争环境的决策机制，充分发挥作用，真正实现混合所有制改革的目标。

三、竞争性国有企业混合所有制的外部治理改革路径

如果说内部治理结构决定了一个企业以何种组织权力架构实现在经济体系中的“生存”与“成功”，那么，外部制度则从根本上决定着哪些企业应该“生存”下来，哪些企业应该“死亡”；决定着怎样的企业才是“成功”的企业，怎样的企业是“失败”的企业。从上一章的理论分析可知，由于竞争性国有企业的资产大多处于竞争性行业，商品供求状况瞬息万变，交易相关信息也往往分散在参与市场的无数主体身上，依靠政府的集中计划来管制和引导企业，往往会导致低效率，使得处于竞争性行业的国有资产难以产生其应有的价值。因此，深化竞争性国有企业混合所有制改革的外部制度设计，关键在于“使市场机制发挥基础性和决定性作用”。这包括两个方面：①完善市场竞争机制，让掌握无数分散信息的市场主体在市场竞争过程中引导竞争性国有资产的有效运用；②改革政府职能和国有资本监管体制，促使政府和国有资本监管部门与国有资本运用相关的职能从事前审批向事中、事后的监管和服务转变，成为市场竞争机制的保护者和服务者，而不是替代者。

关于国有企业改革，寻租和管制理论给出了一个关键性结论：根据企业的资产和业务性质来决定企业在外部是应更多地接受竞争性市场的约束，还是应更多地接受政府的行政约束；市场机制和行政机制是两种不同

的决定资产用途的方式，在不同的条件下两种方式的效率会有所差异，因此，应根据资产的性质来决定最优的资产用途决定机制。实际上，中共中央、国务院2015年发布的《关于深化国有企业改革的指导意见》（中发〔2015〕22号）实施国有企业混合所有制“分类改革”的思想正体现了这一点。对于战略性和公益性资产和业务——例如，重要通信基础设施、枢纽型交通基础设施、重要江河流域控制性水利水电航电枢纽、跨流域调水工程、重要水资源森林资源、战略性矿产资源开发利用，江河主干渠道、石油天然气主干管网、电网以及国防军工等战略性领域，以及水电气热、公共交通、公共设施等提供公共产品和服务的行业和领域——则以国有资本控股和行政决策为主；对处于充分竞争领域的资产和企业，逐步实现国有资本和行政决策机制的有序退出，由市场机制对企业进行激励并施加约束。

林毅夫等在《充分信息与国有企业改革》一书中强调了外部竞争市场对国有企业治理，特别是竞争性国有企业治理的重要性。对于那些以利润指标作为经营状况核心指标的竞争性国有企业来说，企业外部的竞争市场是公司治理的首要条件和基本机制；公司内部治理结构是派生的，是市场竞争的结果。所谓竞争性市场，首先是指竞争的产品市场和生产要素市场。在这两个市场上，没有任何的产业壁垒和地区封锁，企业的进入退出和产品的定价都是自发的市场行为；同时，生产要素的价格和流动也是由其市场稀缺状况决定的。只有在充分竞争的产品市场和生产要素市场良好运作的条件下，相同行业及不同行业之间才能够形成市场的均衡，在均衡中相同企业趋于相同的成本水平和利润水平，因此，利润才能够成为一种反映企业生产经营状况的充分信息指标。

通常来说，与非国有性质的企业相比，国有企业面临的竞争环境是受到干扰的。根据林毅夫等（2014）的研究，这主要表现在四个方面：①资金过度密集。从规模以上工业企业数据来看，国有企业相对于工业增加值而言所占用的固定资产净值通常要远远大于非国有企业。这意味着国有企业以远远高于其他类型企业的资本需求量来从事生产，大大背离了资源比较优势及市场利润，从而导致产能过剩、资金负担相对较重的问题，使得国有企业特别是竞争性国有企业在市场竞争中处于劣势地位。②部分经营领域仍然存在价格扭曲。对于其产品价格仍然被政策维持在扭曲状态的国有企业来说，用利润水平来衡量企业经营绩效也必然是扭曲的。因而，从国家监督企业经营的角度来说，无法得到必要的充分信息指标，就不能最大限度地克服国有企业所有者与经营者之间的信息不对称和激励不相容的问题。③背负着沉重的职工福利负担。在国有企业改革以前，职工工资和各种福利保险基金全部都被列入国家与企业统收统支的财务计划之中。也就是说，由于劳动工资制度是计划管理的内容，因而职工工资和福利基金在计划中是事先安排好的，企业经营状况不影响其支付这类费用，企业本身也感受不到这种负担。随着利润留成制度改革的实施，以及两步利改税的完成和企业经营承包责任制的落实，职工工资、福利基金逐渐转由企业自行安排，因而其负担的轻重以及承受能力与企业的财务状况息息相关。然而，问题就在于部分企业的负担具有历史遗留的性质，对于企业当前的财务来说是一种额外的包袱，与不具有此类负担的非国有企业相比，国有企业由此处于极其不利的竞争地位。从一个理想市场经济的角度来看，这实际上是把社会化的分工内部化的结果。这之所以会导致国有企业面临不对等的市场竞争条件，是因为社会保障体系的改革尚未进展到能够彻底将其从企业内部职能转变为社会分工的相应部门或者政府的职能。再加上历史的债务负担，国有企业无力面对激烈的市场竞争。此外，“企业办社会”也为国有企业与国家讨价还价、争取补贴的行为提供了借口。这种非生产性的财务关系掩盖了企业的真实利润水平，而利润率作为反映企业生产经营状况的充分信息指标的作用也就消失了。④严重的政策性冗员。与国有企业不同，改革以来出现的非国有企业只能按照自身对劳动力的实际需求，以及劳动力市场的供给状况决定雇用的劳动力数量和工资水平；但国有企业作为政府所有的企业，它还要履行某种本应由政府来履行的职能，即为了保持社会安定而不能把冗余的劳动力推到劳动力市场中去。因此，国有企业执行着政府赋予的社会职能，不仅是政企不分的表现，还在国家与国有企业特别是竞争性国有企业之间形成了一种扭曲的、非经济的责任关系。国有企业利用这种社会责任需求向政府寻租，寻求政府承认其扭曲的、不对等的竞争关系，由此造成企业的亏损。

以上这些政策性负担，增加了国有企业的成本、减少了它们的收益。即使在改革以后市场竞争逐步增强的社会环境之中，政府仍然无法简单地依靠企业获得的实际利润与相同产业的平均利润做比较，以判断经营优劣。利润仍不具有充分信息指标作用，信息不对称和激励不相容的问题也就无法解决。林毅夫等（2014）指出，在一个市场机制政策发挥作用、所有经济主体公平竞争的状态之中，企业将面临硬的财务约束；获得可靠的关于企业经营的充分信息是市场经济条件下公司治理的前提条件。因此，不对等的竞争条件使得国家放弃监督企业经营管理的充分信息；在不公平的竞争条件下，企业的自主权越大，经营者与所有者激励不相容所产生的冲突也就越大，经营者对国有资产及其剩余实施侵犯的可能性也就越大。归根结底，国有企业特别是竞争性国有企业的有效公司治理，有赖于在企业外部首先建立一个公平竞争的市场机制。

从历史来看，根据西方市场经济的发展经验，股份制作为一种有效的现代企业制度，是以充分竞争的市场作为运行基础的，市场评判是监督和约束经营者行为的主要依据，市场机制则为这种监督和约束的实现创造了必要的条件。在一个竞争的条件下，无论是对于私营企业还是竞争性国有企业来说，优胜劣汰都是基本的生存规律，这首先就表现为企业是否能够获得利润。盈利的企业将在市场中生存下来并得到发展，亏损的企业将衰落并失败。因此，竞争市场通过“消费者主权”和利润指标来选择企业，使其中一部分生存下来，淘汰另一部分。这包括三个方面：①产品市场方面。在竞争市场的条件下，产品具有竞争力、企业资产用途的决策具有最优效率是企业盈利的必要条件；产品竞争获胜或企业生存的决定因素是产品价格和质量，后者主要取决于生产经营方式的效率。这种竞争性的市场能够把经营者的能力、行为与企业的经营绩效联系到一起，只要将企业的利润水平与这个行业的平均利润率加以比较，就可对这个企业的经营管理者是否具备能力、对企业长远利益是否忠诚进行准确的判断，对经营者的监督和考核也会变得清晰明确。由此可见，充分竞争的产品市场和要素市场是克服两权分离条件下委托代理问题的关键。②生产要素市场方面。要素市场的充分竞争意味着经营管理者能够自由流动，并且由市场决定其薪酬水平。在市场竞争中，有能力的和对所有者负责的经营管理者会被高薪聘用；相反，有着经营不善业绩历史的经营管理者则会被取代，并且在就业市场上的薪酬开价会降低，甚至面临失业的危险。在经营管理者竞争市场存在的条件下，经营管理者人力资本的价值在绝大程度上取决于企业利润或股票价格所显示的企业价值。由于经营管理者所经营的企业的状况直接决定了其在经营管理者市场上的“身价”，因此在竞争性市场的约束下，他们会追求所有者利益的最大化。换言之，经营管理者自身的收益取决于其经营企业的利润水平或所有者的利益大小。他们要提升自身的收益和价值，就必须先提高所有者的利益和企业资产的价值。如果所有者的利益受损、企业的价值下跌，经营管理者自身的收益也会下降。因此，充分竞争的经营管理者市场是一个交易费用较低的制度安排，能够促使在两权分离的条件下所有者与经营者之间实现激励相容。③公司内部治理结构方面。对于私营企业和竞争性国有企业来说，内部治理结构只是企业对外部竞争性市场作出的反应。所谓的公司内部治理结构，是指所有者对一个企业的经营管理和绩效进行监督和控制的一整套制度安排；公司治理结构解决的是以下问题：如何确定企业管理人员只取得适当的、盈利的项目所需的资金，而不是比实际的更多，从而转化为私人收益？在经营管理过程中，经营管理者应该遵循怎样的标准或规则？谁有权决定经营管理者的选聘和考核？通常来说，一个企业的经营决策过程包括四个方面：提出动议、批准动议、执行决策、监督考核。在所有权和经营权分离的条件下，这四个方面的权力就会掌握在不同的经济主体手中。这种有关决策职能分配的制度安排，就是针对责任不平等，用于保障所有者权益较少受到因经营者重大失误或资产掠夺所造成的侵犯的公司内部治理结构的影响。林毅夫等（2014）指出："第一，公司治理结构中最基本的成分是通过竞争的市场所实现的间接控制或外部治理，而人们通常所关注或所定义的公司治理结构，实际指的是公司的直接控制或内部治理结构。后者虽然是必要的和重要的，但与一个充分竞争的市场机制相比，只是派生的制度安排。第二，在当代西方的发达市场经济国家，在外部治理结构存在的前提下，不仅具有多种所有制形式混合的特点，公司的内部治理结构更是五花八门、形式多样。一方面，各种类型分别具有自身的优点和弱点，没有哪一种公司内部治理类型被公认为具有对于其他类型的绝对优越性。另一方面，任何一种内部公司治理结构，如果没有市场机制的间接控制及其提供的实施监督的充分信息，都不能单独奏效。"

在竞争性市场的基本条件都具备的状况下，所有者对经营管理者的监督和评价就能够借助于利润率这个充分信息指标进行，从而使得公司治理的过程是透明的、客观的，并且这一机制能够通过较低的交易成本进行，在此基础上构建的对经营管理者的奖励和惩罚机制也是明确的和有科学依据的。这种必要的竞争市场条件实质上就是公司治理的基本机制之一，通常被称为外部公司治理或所有者通过竞争性市场对经营管理者进行的间接控制。在市场竞争的激励和约束之下，企业创造出了一系列针对不同情况的、具有特殊适用性的公司内部治理结构。外部市场与内部机制——或者说间接控制与直接控制——之间的并存和一致性，能够在最大限度上减少企业经营中的信息不对称问题的发生，减轻责任不对等的程度，从而最大可能地使所有者与经营管理者之间实现激励相容，最终提升企业的生产经营效率。

综上所述，要解决竞争性国有企业在外部治理改革中的堵点（主要是竞争性市场缺失、政府对竞争性国有企业一定的资源倾斜和对企业决策的行政干预），根本的途径在于构建完善外部的竞争性市场，使政府转变为事中和事后的监管者和服务者，而不是事前的审批者。一般来说，不同的国家具有不同的文化背景，处于不同的经济发展阶段，因而在市场机制发展程度、储蓄水平上存在差别，各自具有相匹配的公司内部治理结构，且处于不断的变化发展过程之中；而竞争的市场环境却是可以确定的，始终是企业成功的必要条件。实际上，只要构建起有效的竞争性市场，无论是私营企业、国有企业还是集体企业，都会具有效率。因此，强行将某种特定的内部治理模式套用到中国国有企业改革之上，显然无法达到理想的效果；构建一个受到良好政府监管的、充分竞争的外部市场，对于中国国有企业尤其是竞争性国有企业来说，则是具有普遍适用性的。林毅夫等（2014）以中国乡镇集体企业为例说明了这一点。20 世纪 80 年代，乡镇企业一开始发展就直接面对竞争性的市场：投入品必须从双轨制中的市场轨道用竞争性的价格获取；产出品要以市场价格在竞争的市场上出售；资金要靠自筹或者基本上以市场利率贷款；凡是乡镇企业是能够进入的行业，通常就不存在任何产业进入的限制，因而乡镇企业是不受任何保护的。在这种硬的预算约束之下，企业生存唯有依靠改善经营管理和发掘市场机会。起初，在乡镇企业规模较小、数量有限的情况下，经营管理和监督主要依靠亲缘和地缘关系，以及与地方政府和自治组织的密切关系加以约束，产权关系显然并不明晰。由于其强烈的地域特点，以及其经营绩效与地方政府和自治组织的利益息息相关，因此，监督是直截了当的，社区居民和地方干部也具有监督的激励。虽然企业经理人员事实上对企业资产具有很大的控制权，但其激励与作为所有者的社区没有巨大的分歧。在当时特定的条件下，这种治理结构被证明是有效的。因此，在存在充分竞争的市场上，每个特殊的条件下都可能存在与之相配的、有效率的产权形式和内部治理结构。竞争性国有企业的产品和业务主要处于竞争性的市场竞争环境之中，因此，构建一个外部充分竞争的、受到良好政府监管的市场，是竞争性国有企业混合所有制改革的一个极其重要的内容。

根据上述的分析，接下来主要从以下四个方面提出深化和完善竞争性国有企业混合所有制改革的保障措施：依托《中华人民共和国公司法》建立健全竞争性国有企业的现代公司治理结构；构建完善市场化用工制度及员工持股制度；构建竞争性外部市场环境；改革政府职能与国有资本监管体制。

第二节　依托《中华人民共和国公司法》建立健全竞争性国有企业的现代公司治理结构

建立健全现代企业制度，要按照公司法的基本立法精神对公司内部治理结构进行设计。其中，公司自身治理结构的革新和完善是当前最为重要也是最为迫切的任务。公司作为法人实体，在市场的正常运行下必然面临不同的法律风险，其自身也定会有特殊的利益诉求。一个健全的治理结构不仅能使公司及时适应经济新形势以及新政策带来的市场转向，还能使公司实现各职能部门之间高管与普通员工之间、“三会”之间等内部关系的高效运转和整体协调。因此，法人治理结构对于竞争性国有企业在市场竞争中的生死存亡而言，具有非凡的意义。混合所有制经济对于现今公司的法人治理结构提出了一个新要求，要求其能体现公司所有参与者的共同利益，并对这种共同利益进行合理的分配与整合。而在现有《中华人民共和国公司法》框架以及现代的企业制度的要求下，股东会、董事会及监事会这“新三会”之间的职能分工和协调制衡，高管人员与公司员工在日常公司生产运营的过程中相互配合形成合力等，都要求必须建构全面的、综合的法人治理机制。

总的来说，政企分开应该成为国有企业法人治理结构的基本原则，竞争性国有企业中的国有经济成分不能因其天然属性而必然与政府干预联系起来。为了解决这一问题，我们认为，公司在治理结构的设计和运行方面至少应该注意以下四个方面的问题：①公司所有权与控制权的分配及行使问题。②在公司产权明晰的前提下，确定股东会、董事会、监事会及其他高级管理人员在公司重大决策、日常运营过程中的权责分配，并且应辅之以相应的权力监督和制衡结构。③混合所有制中民营资本的退出机制问题。国有资本及背后公权力的强势地位导致民营资本被迫加入、被迫混合的情形时有发生，因此，确定民营资本的退出机制对于真正实现政企分开、建立现代企业制度具有重要意义。④确立有效且长期的激励机制，这对于运营体制僵化、经营效率较低的国有企业尤其重要。

针对公司在治理结构的设计和运行方面需要注意的问题，笔者提出如下六个方面的建议。

（一）调整国有企业的产权结构，明确所有权与控制权的行使

现代企业制度中无论是内部的法人治理结构，还是在运营过程中需要解决的利益分配和风险承担问题，都是建立在完善的产权制度之上的。一方面，产权的清晰划分不仅是企业正常运转的基石，也是提高企业生产经营效率、维护并最大化实现股东利益的有力保障。在对国有企业进行类型划分之后，竞争性国有企业将直面市场竞争的压力，经营效率的低下、市场反应速度缓慢、僵化的管理体制等都是竞争性国有企业必须予以解决的问题，而一个合理、清晰的产权结构正是解决以上问题的前提。另一方面，产权结构的明确也有利于国有资产的保值增值，从而避免在新一轮国有企业改革中国有资产的流失。事实上，在整个国有企业40余年的改革过程中，引起最多争议的问题便是国有资产的流失，这不仅与现代企业制度和思维观念未能与时俱进有关，还是由国有企业所有权归属混乱、股权分配不明确等产权结构问题导致的。因此，产权结构的调整、产权所属的明确是国有企业在完善法人治理结构乃至全面进行混合所有制改革时必须解决的首要问题。

在明晰产权结构之后，需要在既定产权结构的基础上建立公司内部的治理结构。首先要讨论的是股东会、董事会和监事会“三会”及高管之间的权责划分问题。股权的多元化是现代企业制度的一个重要发展趋势，但也带来公司内部治理结构的混乱。因此，建立在产权结构之上的内部治理模式应突出股东大会、董事会和监事会的各自职责以及权限划分。按照《中华人民共和国公司法》及相关配套法律法规，“三会一层”之间的权利、义务应由一个相互协调及相互制衡的机制所构建。具体到国有企业，尤其要注重董事长与高级管理人员之间、董事会与高管层的关系问题。这

是因为在现实情形下，国有企业的董事长任命通常不是由公司董事会或者股东大会选任的，而是直接由党政机关的人事任免机构确定人选，因此，其身份相较于公司其他董事成员有特殊之处，带来的一个直接后果便是董事长的表决权高于其他董事，而这是违背我国公司法以及现代企业治理模式的。从董事会层面来看，不仅董事长，董事会的成员也有可能是经人事机构任命的，而包括总经理在内的其他高级管理人员依照法律规定要向董事会负责，所以在国有企业的法人内部治理结构中应特别注意，董事会对于经理层的控制应是一种战略层面的控制，明确董事会负责决策，经理层负责执行决策，公司的日常运营事务应由总经理全权处理，董事会不能无端干预。这些都是最终实现政企分开原则必须解决的内部治理方面的问题。

（二）以多种灵活方式保障非国有资本的决策参与权力

在竞争性混合所有制企业中，民营资本股东能对企业发展起到巨大作用，这种对国有控股股东的互补和制衡作用往往与民营资本股东的股权性质、现金流权、持股比例等多种形式的权利高度相关。民营资本股东可通过引入关系股东、争取董事会席位、运用法律制度等具体路径对国有资本股东产生影响，对国有资本股东的战略行为进行弥补和调整，形成良性的股权互补和制衡关系。这种互补和制衡关系可以在改善竞争性国有企业治理水平方面发挥重要作用，抑制低效率决策机制和非效率投资等行为，缓解竞争性国有企业效率低下问题，减少企业政策性负担，使企业的经营目标更加适应于竞争性的市场环境，从而提升竞争性国有企业的市场价值（盛明泉等，2021）。此外，对于主业务处于竞争性市场，其他部分业务处于战略性或公益性行业的竞争性国有企业，可考虑在集团层面保持股权结构不变，在业务子公司层面实施差异化的股权结构，使得处于竞争性市场的业务子公司能更多地受非国有资本股东的经营管理，而其他业务子公司则由国有资本股东承担主要的经营管理责任。

（三）明晰公司控制权的配置和行使

在公司中，股东会作为公司的最高权力机构行使公司的最高权力；公司的执行机构以及决策机构是董事会；监事会是公司的监督机构；经理层则是公司的实际运营管理机构。那么，在混合所有制国有企业中，对于上述所提到的职能，各机构应当十分清楚自己的权力中心及权力界限。反观国有企业，依旧沿用以往上级指派、党政人员调任兼职等传统方式，这会严重削弱竞争性国有企业在市场竞争中的反应能力和适应能力。因此，应当全力保持混合所有制企业中权力享有者的中立性和技能的专业性，尽量减少国家机关中选举产生过于充足的“董监高”——上市公司董事、监事和高级管理人员成员。

董事会既是企业决策控制系统中枢，也是非国有股东传递与实现自身利益诉求的重要平台。企业的经营投资计划、高管选聘及薪酬等均须由董事会审议通过才可实施。董事会席位是股东在董事会权力的直接体现。与纯粹的股权混合相比，非国有股东引入带来的董事会调整更加关键，一方面，能够使非国有股东获得更多内部信息，维护自身合法权益，提高决策的有效性；另一方面，可以提高非国有股东的监督有效性，遏制国有股“一股独大”的现象，对企业经营决策进行干预，有效地制衡国有股东对非国有股东利益的侵占，从而促进公司绩效的提升。拥有董事会席位是非实际控制人在企业决策中“发声”和获取额外非公开信息的重要渠道。国有企业混合所有制改革不仅要在股权结构层面进行“混”，还要在董事会治理层面实现“改”。只有在董事会的成员、规模、独立性及勤勉程度等方面进行调整，才能充分发挥非国有股东治理的优势（郝颖，2021）。

在竞争性国有企业混合所有制改革完善董事会治理中必须注意：①要科学设计混合所有制企业董事会结构，充分向非公有资本释放股权，使非公有资本能够派出董事或监事，保证董事会的独立性与有效性，鼓励民营资本积极参与公司治理，明确其在公司治理中的权力与职责，发挥其制衡与监督作用，真正降低代理成本，优化经营决策，提高公司治理效果；②对于处于充分竞争行业的含有国有经济成分的企业，要取消行政级别，做到去行政化（李炳堃，2017）；③由董事会从经理人市场上选聘管理层，制订市场化的绩效指标，定期考核评议管理层的工作，促使企业管理层真正遵循市场经济规律，而非通过行政命令进行日常经营决策。

（四）切实完善内外并济的监督机制

由于对国有资产可能会存在保值增值方面的考虑，也有可能因为在具体的运营岗位并不存在国有资产出资人及管理人，所以，国有资产的管理主要集中体现在后期的监督上。现在，国有企业已经施行了国家审计制度、监事会制度、财务总监制度、社会审计制度等一系列制度，监督管理手段很多，但实践中的情况常与预期不符，导致国有企业出现重大经济损失，这说明监管制度本身的兼容性和有效性存在问题。其原因是：在国有企业中，监事会的成员大部分来自公司内部，一般由财务人员兼任，再加上公司董事长或总经理对企业无论是财务、经济、法律还是其他方面综合监督管理的能力十分有限，这就导致了监事会从实际意义上来说不过就是一个“形同虚设”的机构。所以，监事会人员的独立性亟待尽早确立，无论是监事的能力还是水平都必须得到提高，甚至在必要情况下，可以聘请外部监事。监事在日常工作中应当明确股东利益最大化这一基本原则，在监事的任职要求和条件设置上应当明确这一点。另外，我们应当认识到，根据《中华人民共和国企业国有资产法》的相关规定，混合所有制企业的设立应当按照《中华人民共和国公司法》的相关规定建立监事会制度，而且监管并不是由出资人委派，这在一定层面上可以大大减少重复审查的发生。

（五）建立健全资本进退机制

纵观混合所有制相关的政策文件，并没有资本退出机制方面的明确规定。资本“进退”模式，不管是在国有资本方面，还是在民营资本方面都非常重要。在并入混合所有制企业之后，按理民营资本可以依据公司法中关于股东会的决议的规定合法退出。但是，国有股东与政府有天生的亲近关系，这就使其变得尤为强势。在过去一系列国有企业改革中可见，政府一纸告示就使得民营资本被迫退出的情况时有出现，这使得民营资本不得不承担巨大的损失。另外，又由于国有资本在大多数情况下控制了公司董事、监事和高管，大部分民营企业在混合所有制改革过程中都只能作为中小股东存在，这就使得国有资本和非国有资本之间的平等成为难事。所以，在进行制度方面设计时，应当注重产权平等保护的原则，以保证非国有资本按照市场规律正常地进入和退出。

（六）建立完善有利于企业长远发展的激励机制

竞争性国有企业改革存在的关键问题就是如何增强企业活力，从以往的被动促使发展转变为主动追求发展。这种内在动力会让企业家有干劲，管理技术骨干有冲劲，职工群众有希望，从而保持企业基业的长久发展，创新不断。而这所有的一切都取决于能否建立真正的核心经营层、管理技术专精人员、职工群众与企业共存亡的共同体，取决于能否建立合理科学有效的激励与约束相结合的运行制度。建立有效长久的约束激励机制，是我国当前国有企业改革中必须解决的重点问题，必须更大胆地去开拓发展。从具体措施上来看包括以下几点。首先，推进对经营管理者的激励机制。在年薪制进一步完善的基础之上，应该区分不同的企业类型，制定出不同的股票期权激励政策。重点推动上市公司的股权激励试点，在此基础之上，拥有更加成熟条件的非上市公司也可以开始尝试股权激励制度。对于一些具有突出贡献的科研设计人员、项目负责人、管理技术专精人员、改善公司经营状况的企业负责人以及其他有功劳的人员，应当给予丰厚的回报和奖励。此外，为了避免普遍存在的所谓“59 岁”现象，避免出现企业高层管理人员退休前后收入不够平衡的问题，也有必要对相关办法进行改进。其次，推动企业自身的用工制度以及内部收入分配制度的完善。遵循《中华人民共和国劳动法》等的规定是所有企业的义务。既要充分发展劳动力自身市场价格的调节功能，合理适当地规定职工工资水平，更要坚持按劳分配与按要素分配相结合的模式，针对某些关键性岗位，落实关键型人才的分配制度。推进工资总额试点管理机制，要根据企业效益、成本承担能力、劳动力市场价位等因素对企业职工工资总额和员工工资水平及其增长施行统一的管理和安排。最后，加强激励与约束之间的平衡。产权约束是避免产生内部人控制现象以及业绩作秀的最关键、最根本的屏障，因此，各种激励措施设置的前提条件也是如此。该制度的核心就是建设和完善法人自身治理机制，加强以财务监督为根本点的审计制度的完善，强化以反腐倡廉为根本导向的监管体系的彻底建立。与此同时，还应重视各项制度之间的有机联结与互动的运行，以此来保障约束机制的系统协同以及高效运作。

第三节　构建完善市场化用工机制及员工持股制度

一、构建以社会保障为基础的市场化用工机制

在计划经济时代，国有企业劳资双方都从属于政府，一切由政府决

定，不存在劳资冲突，也不存在集体谈判问题。国有企业职工参与企业管理方式是工厂管理委员会和职工代表会议制度。当时的中国不存在真正意义上的劳动力市场，由于私有经济被严格限制，离开了企业一般就意味着失业，基本不可能自由择业，劳动力无法自由流动。此外，国有企业工资管理制度是高度集中的，完全由政府决定。地区间、行业间职工的收入差距较小，强调“大锅饭”与“平均主义”，对员工的保障过度依赖企业内部的职工福利，缺乏绩效考核机制和市场化的社会保障机制，收入与个人的劳动效率没有密切联系。虽然经过了若干次工资制度改革，但是并没有改变其基本性质，导致人浮于事与企业生产效率的低下。

改革开放后，僵化的固定用工制度开始变迁。变化主要体现在以下三个方面。

第一，从1982年开始，国有企业开始试行劳动合同制度。自20世纪90年代起，国有企业开展了人事制度改革，取消了企业的行政级别和干部身份，下放企业领导人员的管理权限，实行经营者的聘任、职业化等政策。在这个过程中，国有企业职工的身份也发生了变化，国家和国有企业通过一次性买断的形式消除了“国有企业职工”的身份，全部用工实现了劳动合同制，让职工以雇佣劳动的身份进入劳动力市场或社会保障体系。

第二，同工不同酬和双轨制现象。中国的特殊国情造成了劳动力市场在一定时期内处于供大于求的严重失衡状态，尤其是待遇相对较好的国有企业，出现了大量的非正式职工，如临时工和季节工等。多种用工形式对于国有企业降低人力成本，提升竞争力具有一定的益处，但是也造成了滥用非正式职工，并忽略甚至侵害非正式职工合法权益的现象的出现。非正式职工付出的劳动力与获得的收入及福利严重不等，即劳动“双轨制”和同工不同酬。尽管修正后的《中华人民共和国劳动法》强调了同工同酬，但在现实中企业仍有多种方式规避相关条款，同工不同酬的现象在部分国有企业中仍然存在。所谓“双轨制”是指人们平时所说的有编制和无编制的职工并存，两者在工作稳定程度、报酬、企业地位、职工福利及工作环境等方面存在很大的差异，前者比后者在各方面要优越得多。有编制的职工，即正式工，一般享受着较高的企业福利和企业地位，大多数情况下是终身制的，容易对企业产生依赖感与归属感。但是实行平均主义不利于激发职工的积极性，企业效率不高。无编制的职工，即非正式工，采取的是市场化的用工机制，与企业通过市场谈判签订劳动合同，明确双方的权利与义务，工人在法律保障下通过付出劳动力来获取相应的收入，企业可以根据需求选择性价比最高的劳动者。在劳动者违反有关企业规定的情况下，国有企业完全可以依照有关法律及部门规章制度淘汰劳动者。实践证明，由于用工形式灵活，福利负担小，无编制职工的用人成本确实远低于有编制的职工，性价比更高，吸引了大量国有企业增加合同工和劳务派遣等体制外职工。虽然降低了企业用人成本，但在实践中出现了同工不同酬的现象，侵犯了无编制人员的合法权益。

第三，实行浮动工资制度。随着对国有企业放权让利等改革的推进，国有企业开始拥有工资分配的自主权，实行浮动工资制度。尽管这拉开了个人收入差距，但也建立了较为有效的激励机制，一定程度上激发了企业活力。目前，在国有企业工资分配中，市场机制的作用越来越明显，但行政等非市场因素依然扮演着重要角色。总的来说，通过改革，国有企业先后引入了技能工资、岗位工资等多种工资分配形式，劳动力的流动性也得以提高，工资越来越接近劳动力市场供求的结果。但是，集体协商制度严重缺失，劳资双方不能通过协商来解决利益矛盾。此外，由于国有企业发展的地域差异、行业差异，不同国有企业之间存在较大的工资水平差距，尤其是电力、石油、邮电通信等垄断行业，存在工资水平过高的现象。

2015 年以来，国家对国有企业混合所有制分类改革下用工制度的改革提出了一系列的要求。2018 年 5 月 25 日，国务院发布《关于改革国有企业工资决定机制的意见》（国发〔2018〕16 号），对改革开放以来长期实行的国有企业的工资总额和经济效益挂钩的方法做出了重大调整，根据国有企业分类改革的形势，对处于竞争性领域的商业类国有企业加大了用市场化分配机制决定工资的程度。《关于改革国有企业工资决定机制的意见》认为："改革开放以来，国家对国有大中型企业实行工资总额同经济效益挂钩办法，职工工资总额增长按经济效益增长的一定比例浮动，对促进国有企业提高经济效益和调动国有企业职工积极性发挥了重要作用。但随着社会主义市场经济体制逐步健全和国有企业改革不断深化，现行国有企业工资决定机制还存在市场化分配程度不高、分配秩序不够规范、监管体制尚不健全等问题，难以适应改革发展需要。"因此，国家提出了对"国家出资的国有独资及国有控股企业，中央和地方有关部门或机构作为实际控制人的企业"的工资制度改革新办法。

这次国有企业工资制度改革有三个特点：①通过加强宏观监督和调

控，突出国有企业工资分配的市场化方向。充分发挥市场在国有企业工资分配中的决定性作用，实现职工工资水平与劳动力市场价位相适应、与增强企业市场竞争力相匹配。同时，更好地发挥政府对国有企业工资分配的宏观指导和调控作用，改进和加强事前引导和事后监督，规范工资分配秩序。②分类确定工资效益联动指标。根据企业功能性质定位、行业特点，科学设置联动指标，合理确定考核目标，突出不同考核重点。将国有企业划分为主业处于充分竞争行业和领域的商业类国有企业、主业处于关系国家安全和国民经济命脉的重要行业和关键领域以及主要承担重大专项任务的商业类国有企业、主业以保障民生和服务社会为主的提供公共产品和服务的公益类国有企业、属于开发性政策性的金融类国有企业、商业性的金融类国有企业、文化类国有企业六类，分别设定不同的联动指标。③完善国有企业内部工资分配管理。要求企业集团应合理确定总部工资总额预算，其职工平均工资增长幅度原则上应低于本企业全部职工平均工资增长幅度。应建立健全以岗位工资为主的基本工资制度，以岗位价值为依据，以业绩为导向，参照劳动力市场工资价位并结合企业经济效益，通过集体协商等形式合理确定不同岗位的工资水平，向关键岗位、生产一线岗位和紧缺急需的高层次、高技能人才倾斜，合理拉开工资分配差距，调整不合理的过高收入。加强全员绩效考核，使职工工资收入与其工作业绩和实际贡献紧密挂钩，切实做到工资收入能增能减。国有企业应调整优化工资收入结构，逐步实现职工收入工资化、工资货币化、工资发放透明化。严格清理规范工资外收入，将所有工资性收入一律纳入工资总额管理，不得在工资总额之外以其他形式列支任何工资性支出。

在经过长时间的变革之后，当前国有企业的用工机制主要存在以下五个方面的问题。

第一，相关法律法规不够完善。首先，以《中华人民共和国劳动法》为核心的相关法律法规不够完善，劳动歧视普遍存在，劳动保护执法较为不力。20 世纪 90 年代，中国才真正开始劳动法的立法建设，当前已有的劳动法制缺少高层次的劳动立法，劳动法制基本上还局限于对个别劳动关系的规制，集体劳动关系相关的法律规制还不成系统，更多的是以行政法规和规章为主。已经出台的高层次法律，如《中华人民共和国劳动合同法》《中华人民共和国劳动法》《中华人民共和国工会法》等，虽然近几年来修订频繁，但都有不够完善的地方。其次，中国劳动立法与国际标准没有有效对接。虽然中国已经批准了很多国际劳工公约，但是目前很多国内的劳动标准与国际标准有较大差距，在消除就业歧视、罢工权、集体谈判权、自由结社和强迫劳动等问题上与国际社会存在一定分歧。最后，地方政府具有制定本地劳动法规的权利，由于缺乏统一协调，地方性劳动法规与规章的设计随意性较大，可能会出现对同样问题存在不同规定的现象。虽然现有法律法规赋予了劳动者利用法律武器维护自身权益的权力，但是由于走法律程序十分烦琐，举证困难、诉讼费和律师费高昂，一些国有企业职工在自身合法权益遭受侵害时，难以利用法律武器保护自己。

第二，同工不同酬导致的收入不公平和激励扭曲现象。《中华人民共和国劳动法》第四十六条规定：工资分配应当遵循按劳分配原则，实行“同工同酬”。这一规定体现了劳动力市场的公平原则。但体制内的职工所付出的劳动并没有与其获得的待遇相匹配。合同工和临时工在企业职工中占据了相当大的比重，待遇不高，但是国有企业的正式职工却可以享受高福利待遇。这一现象与劳动相关法律法规和市场公平原则相冲突。在这种制度环境下，体制内人员是既得利益者，一旦进入体制内，只要不犯大错误，就可以保住位置，而且享受着高于非正式职工工资的高工资与高福利，也不用承受严格的绩效考核压力。这样虽然有利于增强职工对企业的归属感，但久而久之，正式职工难免会产生惰性，出现“偷懒”行为，积极性与创新性也会被削弱。而对合同工、临时工及劳务派遣工等非正式职工而言，即便付出了不少于正式职工的劳动，但获得的各方面待遇远低于正式职工。这样虽然有助于节省企业用工成本，但会使非正式职工产生强烈的心理反差与隔阂，难以形成对企业的责任感与归属感，他们会把更多的精力放到进入体制内、转变身份，或者是跳槽上。

第三，职工对企业经营管理的民主参与权利缺失。工会是保障职工权利的治理组织，能够通过一定的目标及标准将分散的职工力量积聚在一起，成为一个强大的团体来与企业谈判，以此来维护广大职工的权益。计划经济时代，工会是非常重要的企业组织，但国有企业改制之后，原来的党委会、职工代表大会和工会“老三会”的职能被股东大会、董事会、监事会“新三会”所取代，但是“老三会”依旧存在，这样容易造成职责不清、协调不顺的问题。其中，由于工会不产生直接的经济效益，加之国有企业对工会重视程度不够、高素质人才匮乏、维权机制不健全，工会的作用被日益边缘化，没有发挥出其应有的功能。

第四，企业用工文化缺失。一些国有企业忽视非正式制度建设，尚未形成符合自身特点的用工文化，主要表现在：①人事管理思想浓重，虽然大多数国有企业都建立了人力资源管理部门，但是在用工观念上，依旧保持着传统落后的人事管理理念，对"人"的认识不够，重视用、轻开发，没有将自己作为开发人力资源的服务部门，而将自己当成管理部门；对职工的认识不到位，没有将其作为资产，而是当成负担；在部门协调中，也经常抱着对立、抵触的心态，影响了用工效率。②工作主动性差，服务意识不到位。很多国有企业的人力资源管理部门没有树立起符合时代要求的服务意识，心理咨询、文化活动、宣传等服务形式化严重。当企业发展良好、劳资关系稳定时，不主动去维护劳资关系，而是在矛盾激化的时候才重视职工管理工作，往往事倍功半。③"求稳"心态突出。虽然计划经济时代已经过去了几十年，但是其遗留下来的惰性依旧存在于国有企业职工之中。很多人认为，进了国有企业就等于有了稳定的生活，因此很看重企业对自身未来的保障，在工作过程中处处"求稳"，缺乏工作热情及创造性。对于国有企业的领导者而言，同样也存在这种心理，在其任期内，为了防范风险及追求政绩，不愿意进行大刀阔斧的用人制度改革，凡事追求"和谐"与"稳定"，不敢触及利益关系，导致内部用工制度缺乏自我创新。

第五，"企业办社会"现象普遍。"企业办社会"现象仍普遍存在，对职工的保障过度依赖企业内部福利制度，社会保障力度不足。当前中国的社会保障体系还不够健全，在覆盖范围、保障资金、管理体制等多个方面都存在不同程度的问题，无法让国有企业在职工问题上放开手脚。对于国有企业职工来讲，各项社会保障比较完善，福利也较高，例如，国有企业的住房公积金普遍较其他性质的企业高。离开国有企业对于职工来讲，意味着很有可能失去这些待遇。在这种情况下，国有企业用工制度改革必定会遇到巨大的阻力。

为了解决上述问题，竞争性国有企业在用工制度方面应进行如下改革。

第一，加强法律建设，完善相关劳动法律法规。首先，从立法精神上看，由于职工相对于企业而言处于弱势地位，所以劳动立法应当赋予企业更多的责任和义务，对职工应当给予更多的权力和利益，侧重保护在劳资关系中处于弱势地位的职工，在劳资冲突中优先保护职工的利益。其次，尽快弥补当前劳动法律法规上的漏洞，如“同工不同酬”问题，不能仅仅局限于原则，而要设计出一套详细的实施细则，让不同类型的国有企业有章可循。对于一些立法层次低的劳动法规与规章，要加大立法力度，尽快出台高层次、有权威的成文法。对于劳动立法的空白，要尽快研究并出台相配套的单项法律法规或规章制度。此外，还要基于中国国情，有选择地放开劳动标准方面的限制，适时扩大国际劳工公约的范围，加快中国劳动法律与国际劳动法律的有效对接，以适应经济全球化的趋势。

第二，构建竞争性的劳动力市场。发挥政府职能，加大劳动力市场软硬件设施的投入；建立覆盖全国的劳动力市场信息系统，对劳动力相关信息，例如年龄、学历、技能等及时录入，突出诚信与技能，进行严格管理并及时更新，为用工双方提供高质量的信息服务，减少双方的交易成本；在各地区、各行业进行劳动力市场建设的基础上，落实当前国家关于户籍改革制度的有关要求，打破劳动力的地域限制、户籍限制及其他行政限制，为劳动力的自由流动创造条件，形成区域性甚至全国性的劳动力市场网络；发展劳动力中介服务市场，为国有企业用工提供更为广泛的选择；实现国有企业人力资本的市场化交易。

第三，完善社会保障体系。扩大失业保险金的覆盖范围，将失业保险的功能由救助向提供救助与就业和再就业转变；实现保险金的有效增值。尽快推进失业保险的费改税改革，以税收的形式为各项公益性就业和再就业提供稳定的资金来源；规范失业保险基金使用行为，提高资金的使用效率，规范各种收费行为，取消其他各项不规范的基金和收费制度。资金实行收支两条线管理，纳入财政预算，接受财政审计监督；扩大保险征缴范围，调整社会保险的征缴比重，增加社会保障支出比重；发展人寿保险等商业保险，实现社会保险与个人保险的有机统一，缓解社会保障压力。

第四，逐步实现用工的规范化及流动性。为了适应新时代的竞争要求，国有企业要按照相关劳动法律法规来签订劳动合同，实行固定年限的合同制。同时，建立高效、公平的人才引进机制、绩效考核机制与晋升机制，设计一种动态竞争的用工管理制度，按业绩将职工进行等级划分，实行逐级尾数淘汰和逐级头数晋升，以此来保证企业职工的适度流动。国有企业在实际用工过程中，应当对不同岗位进行梳理，掌握现状，然后确定合适的劳动关系，并制订相应的管理办法，只有这样才能够设计出高效的用工模式。

第五，提升企业职工在企业决策中的影响力。给予企业职工重大事项建议权，保证股东大会在考虑职工建议的前提下进行决策。进一步规范职工董事和监事制度，完善职工代表选拔机制及考核机制，对于缺乏独立性、碌碌无为的职工代表要进行替换，保障职工代表在董事会及监事会中切实维护全体职工的利益。

第六，坚持以人为本，尊重人才，重视人才。构建和谐、平等、高效的用人文化，切实保障职工尤其是弱势职工的合法权益。对于体制内的职工，要打破平均主义，树立效率观念，任人唯贤，严禁人浮于事。对于无编制的职工，要从思想上树立正确的态度，将其当成企业不可或缺的一部分，真心关心他们的工作与生活，帮助他们解决实际困难，加强与他们的沟通，妥善处理存在的矛盾，让其参与到企业的生产经营管理中去，树立起主人翁精神。管理者要树立服务理念及现代人力资源管理理念，在用工管理中尊重每一名企业职工，吸引职工参与企业文化的建设。以先进的思想规范职工行为，提高其思想境界。将创先争优、锐意进取的意识植入企业文化建设中，党组织要发挥好带头作用，带动广大职工共同奋斗，为国有企业发展做贡献。营造和谐、充满活力的工作氛围，为每一名职工的才能发挥提供一个宽松的环境，鼓励职工自我发展。

第七，维护薪酬制度的公平性。职工是国有企业的主人，为了维护职工的主人翁地位，国有企业薪酬制度不可能实现完全的市场化，但是又不能维持现状，应当将按劳分配与按生产要素分配相结合，实现公平与效率的统一，这应是薪酬制度改革必须遵循的原则。薪酬的公平，需要以企业所在行业水平为参考，实现行业间的薪酬公平；对职工进行分类，对同类职工设计相同的薪酬结构，实现内部公平；引入绩效考核机制，使职工薪酬与考核结果挂钩；企业薪酬制度的制定要公开、透明、民主，广泛听取职工意见，采纳合理意见；对于一些老职工，在薪酬政策制定时应当充分考虑其对企业的贡献及个人实际情况，不能与新人一概而论，要建立相应的补偿机制以降低改革阻力。

第八，确立合理的福利水平，注重对职工的非物质激励。企业福利并不是越高越好，也不是越低越好，而应保持适度原则。国有企业应当通过劳动合同和规章制度将福利待遇的类别和方式规范化，使企业在福利待遇给予上取得主动地位，预防在实际操作中的法律风险，减少不必要的争议。对于那些学历较高、有发展潜力、有强烈继续学习意愿的企业职工，除了物质激励外，还应当多考虑其精神需求。

第九，建立基于有效价值评估的员工激励体系。价值评估是指在工作分析的基础上，采取一定的方法，对某个岗位的影响范围、职责大小、工作强度、工作难度、任职条件、岗位工作条件等特性进行评价，以确定该岗位在组织中的相对价值，并据此建立岗位价值序列的过程。国有企业薪酬结构中员工固定薪酬级差和绩效薪酬变化均较小，薪酬激励体系缺乏弹性，激励效果不明显，对员工过度强调规则执行的准确性而忽视对市场的适应性。因此，应针对混合所有制企业的特征以及竞争性市场的特征设计员工价值评估和激励体系。混合所有制企业的员工构成一般为股东双方派遣及企业自行招聘，员工类型包括企业高管、中层管理人员、普通管理人员、技术研发人员、产品销售人员、生产工人、辅助人员等。公司应根据不同岗位类型，分析和梳理关键活动，建立业务模型和活动库，再提取关键活动，打造工作分析级别系统。通过该系统，公司能够测评员工的岗位胜任力，建立以绩效为导向的人才激励体系。应系统设定不同岗位的薪酬标准和绩效标准，其中岗位价值因素包括知识水平、管理幅度、解决问题能力、创新能力、工作责任等方面；此外，根据前述岗位价值因素设置多个子因素，按照工作岗位的重要性，确定岗位价值因素占比权重，最终确定岗位胜任力。这不仅有利于完成企业战略目标，也有利于员工成长，打造企业与员工的命运共同体（钱峰、李金泽，2021）。

二、稳步推进竞争性国有企业的职工持股计划

职工持股计划曾经因为国有资产的严重流失而被叫停。直到党的十八届三中全会提出：允许混合所有制经济实行企业员工持股，形成资本所有者和劳动者利益共同体。该模式将企业利益与劳动者利益紧紧地联系在一起，增加了共同利益，减少了利益冲突，有利于劳资关系的和谐及对职工的激励。当前国家及很多国有企业正在积极研究职工持股的激励计划，计划需要解决职工持股的机制合法化、如何防止国有资产流失、如何激励职工参与持股计划、如何防止持股分散对企业经营的影响等多个难题。所以，既需要国家相关法律法规的支持，也需要国有企业的努力创新，这样才能设计出符合企业要求的职工持股计划。

2016 年，国务院国资委、财政部、证监会联合发布了《关于国有控

股混合所有制企业开展员工持股试点的意见》（以下简称《试点意见》），对主业处于充分竞争行业和领域的商业类国有企业实施员工持股改革的试点，其中特别提到优先支持人才资本和技术要素贡献占比较高的转制科研院所、高新技术企业、科技服务型企业开展员工持股试点。《试点意见》提出，参与持股人员应为在关键岗位工作并对公司经营业绩和持续发展有直接或较大影响的科研人员、经营管理人员和业务骨干，且与本公司签订了劳动合同。员工入股应主要以货币出资，并按约定及时足额缴纳。按照国家有关法律法规，员工以科技成果出资入股的，应提供所有权属证明并依法评估作价，及时办理财产权转移手续。员工入股价格不得低于经核准或备案的每股净资产评估值。员工持股比例应结合企业规模、行业特点、企业发展阶段等因素确定。员工持股总量原则上不高于公司总股本的30%，单一员工持股比例原则上不高于公司总股本的1%。企业可采取适当方式预留部分股权，用于新引进人才。其中特别要求，实施员工持股后，应保证国有股东控股地位，且其持股比例不得低于公司总股本的34%。股权的持有还赋予了公司员工参与企业管理的权力，并要求其承担相应的义务。员工所持股权一般应通过持股人会议等形式选出股权代表或设立相应机构进行管理。该股权代表或机构应制定管理规则，代表持股员工行使股东权利，维护持股员工的合法权益。员工持股企业破产重整和清算时，持股员工、国有股东和其他股东应以出资额为限，按照出资比例共同承担责任。

员工持股制度的构建，对于国有企业深化混合所有制改革意义重大。从新时期员工持股相关政策演进看，从党的十八届三中全会提出“允许”，到国务院发布的《关于国有企业发展混合所有制经济的意见》的“探索”，再到国有企业改革三年行动的“稳慎”，既肯定了员工持股对于推进国有企业改革的积极作用，也考虑到了其中的风险及难点。《试点意见》在突出员工持股计划对科技型企业具有引导功能的同时，对股权激励尺度进行严格把控，防止国有资产流失。在实行国有控股的混合所有制改革企业，特别是竞争性国有企业中，适时地引入员工持股计划能够打破固有体制机制的约束，完善良性的收益分配机制和企业治理监督体制，提高企业活力。

当前员工持股制度的推行主要存在以下三个方面的困难。

第一，员工认购积极性不足。《试点意见》明确提出，入股资金需及时足额缴纳，且以现金为主。大型重资产企业实施员工持股计划时，因资产体量庞大，每股定价往往较高，员工可承受的认购股份占比较小，导致认购热情不足。设计持股方案时，盲目严格要求以现金出资一次性实缴，也会给员工带来资金来源困扰。此外，部分企业由于员工流动性较大，越有资历的业务骨干距离退休越近，再加上员工股权认购条件限制较多，符合条件的员工基于自身对企业未来发展的预判、剩余工作年限、职业规划等个人因素的考虑，认购积极性受到较大的抑制（魏雅、吕健博，2021）。

第二，对国有资产流失的过度担忧。根据《试点意见》，员工入股的价格采用净资产价值定价方式，且须经过批准或备案。如果企业品牌价值等无形资产价值没有在净资产中体现出来，那么股权定价就不能充分体现企业真实价值。同样值得关注的是，经济行为通常需要在企业资产的评估基准日后一年内实现，即评估报告有效期通常为一年。企业对于员工持股往往处于探索阶段，涉及财务审计、资产评估、持股风险评估、方案编制上报审批等一系列流程，若有延误，便会引发因评估报告失效而无意导致的国有资产流失。

第三，股权出资机制不明晰。试点企业可以在设计员工持股方案时，预留部分股权用于建立后续激励机制。但在实缴出资阶段，该部分预留股权无论由合伙企业持有还是国有或民营股东持有，均会由于缺少实际缴纳人导致出资不到位，而损害其他股权持有人的利益。

因此，员工持股制度的完善应进一步做到以下四点。

第一，完善员工持股的配套制度。首先，对前期试点经验进行总结研究，将试点有益经验制度化，尽快出台混合所有制企业员工持股操作性文件，明确员工持股增量引入原则、预留股权及流转等系列事项；其次，加快员工持股配套制度规则的建立，降低员工持股的潜在风险。国家相关部门通过配套员工持股法律法规，规范在该持股方式下，执行事务合伙人行使员工股权权利的行为，加强制度的约束力。

第二，注重股权筹划管理。实施员工持股的国有企业可通过将资产体量控制在合适的规模，使得各方股东在董事会上拥有对应席位行使表决权，从而真正改善企业治理。重资产型企业开展员工持股，可以先剥离土地、厂房等大额资产，由国有股东出资方购买后，试点企业以租赁等方式使用，或者将人力密集或技术密集的业务分离打包成立专门业务公司开展员工持股，再以该试点企业参与科技成果转化。对出资金额要求较高的企业，可以通过有限合伙企业的串联、多层嵌套等方式规避合伙企业人数须在50人以内的限制，由员工根据经济实力确定认购资金量及持股平台层级。

第三，落实员工代表在混合所有制改革企业董事会职权。《试点意见》明确提出，实施员工持股计划试点企业应保证国有股东的控股地位。在现有公司法框架下，国有企业管理部门出台混合所有制改革企业治理指导意见，强化国有控股股东依法治企的意识，落实混合所有制改革企业董事会职权，从制度上探索国有控股股东授权清单，推动企业治理体系及治理能力现代化。员工代表部分股权通过在董事会上获得席位，提升决策的参与程度，实现对董事会的有效监督，增强员工对企业的主人翁地位的认同感。

第四，多元化实现员工持股的出资方式，减轻员工的出资压力。针对员工持股计划融资问题，金融机构可以创新设计开发相应的金融产品，缓解员工持股资金来源压力，调动员工的参股热情。但是，员工单凭个人信用很难从银行等金融机构取得长期贷款，即便个人信用评级通过，最终贷款成功的概率也会很低。为此，地方融资平台等金融、非金融机构应积极配合国有企业混合所有制改革员工持股计划的推广实施，为具备持股资格的员工提供多途径、多方式的融资通道，及时为国有企业注入新的“血液”。在引入战略投资者的过程中，约定由战略投资者对预留激励股权进行实缴到位，后期新增员工的入股转让在持股平台与战略投资者之间进行，有效规避国有产权转让审批的复杂过程。探索员工持股计划与超额利润分享相融合的出资机制，将超额利润分享奖励转化为员工股权的增量部分，用于激励员工，这样既解决了员工出资困境，也减少了现金流出，为企业发展留存资本。此外，税收部门也可以采取降低税率的措施，根据不同的持股收益时间和持股对象采用不同的税率进行收税，这样会使持股人员的利益增多，发挥员工持股的激励作用。

第四节　构建竞争性外部市场环境

竞争性国有企业混合所有制改革，从根本上来说是使竞争性国有资产不断实现市场化的改革，让市场竞争机制对竞争性国有资产的运用决策起主导作用。因此，竞争性国有企业改革从一开始就面临着国有资本和民营资本谁占主导的矛盾局面。根据《关于国有企业发展混合所有制经济的意见》，竞争性国有企业必须与民营企业一起公平竞争已成为基本共识。党的十八届三中全会确认了市场在资源配置中的决定性作用，用“市场决定论”来改革竞争性国有企业，以形成真正的市场经济体制和市场决定性经济增长方式。市场决定资源的配置是市场经济的一般规律，不能因为国家特殊的国情而弃之不顾或与之违背。同时，“市场决定论”的关键在于使得政府在资源配置过程中不再起决定作用，这意味着要改革以往政府主导的方式，政府只需要扮演为市场提供辅助性服务的角色，使市场主体在公平、公正的竞争环境下自由发展。维护市场在资源配置中的决定性作用本质上也是尊重和维护市场竞争机制。竞争是商品生产和商品交换及市场经济的产物，没有市场经济，也就不可能有竞争的存在。反之，没有竞争，也不可能有真正意义上的市场经济，市场经济的灵魂在于竞争。竞争是市场经济内在的基本要求，是市场经济发展与变迁的动力和源泉。只有保证竞争机制的有效运作，才能确保优胜劣汰的机制引导竞争性国有企业资产的最优运用，促进资源的合理流动和优化配置，实现社会整体经济效率的提高和社会福利的增加。

推进国有企业尤其是竞争性国有企业改革，是建设现代市场体系、推进现代化经济体系形成的关键一步。现代化经济体系建设的重要内容之一是“建设统一开放、竞争有序的市场体系”，实现市场准入畅通、市场开放有序、市场竞争充分、市场秩序规范，加快形成企业自主经营、公平竞争，消费者自由选择、自主消费，商品和要素自由流动、平等交换的现代市场体系。其中包括两个方面：第一，《中华人民共和国反垄断法》的竞争中立和公平竞争审查制度，在排除国有企业妨碍市场竞争行为，构建公平市场秩序、保护消费者合法权益和经营者正当利益等方面具有无可替代的作用。第二，规范国有企业的法人治理和经营，对于现代市场体系建设也同等重要。接下来具体论述这两方面内容。

一、通过完善《中华人民共和国反垄断法》保障非国有资本与竞争性国有资本之间的平等竞争

反垄断是当前中国国有企业改革中一个不可忽视的重要问题。中国近

几年正经历着从以投资和工业生产为主的经济模式向依靠消费需求和生产要素投入为主的经济模式的转变，从粗放型增长向高质量发展转变，这也就直接导致了新常态下我国经济增速的放缓。若要进一步发展经济，加快经济平稳健康持续增长的步伐，就需要进一步提高要素生产率，而这其中的核心就是实现创新驱动。但我们不得不面对人口老龄化和创新不足导致生产率不断下降的问题。此外，仍有一个我们难以回避的问题，即垄断导致的各部门之间的要素生产率差距较大，要素流动存在障碍，要素流动存在各种各样的政策性壁垒。由此不难看出，若要在经济新常态的背景之下提高我国各生产部门的生产率，促进我国经济的进一步发展，就必须完善反垄断法律法规，加强反垄断执法（孙晋，2020）。

根据中共中央、国务院《关于深化国有企业改革的指导意见》和《关于国有企业功能界定与分类的指导意见》，按主营业务和核心业务范围划分，可将国有企业界定为竞争性国有企业、战略性国有企业和公益性国有企业。竞争性国有企业、战略性国有企业与公益性国有企业的分类改革和分类监管是新时代国有企业改革的方向，是国有企业改革的阶段性产物与过渡性制度安排。民营经济能否进入某领域或某领域是否具有自然垄断属性应成为判断该领域是竞争性领域还是战略性领域、公益性领域的标准。这是因为，在后两种领域中，以利益最大化为目标的民营资本不愿意甚至没有足够的实力进入，所以该领域存在空白，需要国家资本的进入为社会公众提供相应的产品和服务。这是政府有形之手弥补市场失灵的主要表现，也是政府投资和经营职责所在，还是社会主义制度优越性的体现。

根据国有企业的分类，《中华人民共和国反垄断法》对于非国有资本进入国有企业也应分情况对待。首先，针对战略性和公益性国有企业，民营资本没有能力或者不愿意进入该领域，因此不存在非国有资本进入的问题。其次，亟待解决的重点问题是非国有资本进入竞争性国有企业的问题。作为规定市场经济基本秩序的法律，《中华人民共和国反垄断法》的规范条文是构成其他市场经济立法的重要标准或原则。根据该法第七条第一款对特殊行业进行国家干预所做的笼统规定，该条款确立了对特殊行业的若干基本规制措施，并保证了特殊行业基本的市场规章制度体系；但该条款也在特殊行业中构建了一种国有资本的一元化规制框架，从而构成了非国有资本进入这些特殊行业的壁垒。因此，若要打破非公资本进入的隐形壁垒，结合上一节中的基础理论分析，对竞争性国有企业反垄断规制的完善应做到以下四个方面。

（一）完善及落实反垄断基本法律

要想对竞争性国有企业的垄断行为进行有效的规制，首先应当加快基本法律的修订完善工作。立法机关需要严格合理界定“关系国民经济命脉的行业”“关系国家安全的行业”的具体含义和适用范围等。另外，在解释法律规范中的核心范畴时，有必要设置一个独立于其他行政机关的、专业化的反垄断调查机构，比如国务院反垄断委员会，这一权威调查机构应当在重大反垄断案件发生时得以运转并负责审查，并以法律规定的形式对该机构的职能和设立进行详细的规定，形成具有长期性、规范性、稳定性和专业性的反垄断机制，避免反垄断措施成为政府寻租获取短期财政利益的工具。法律、行政法规对行政机关和法律、法规授权的具有管理公共事务职能的组织滥用行政权力实施排除、限制竞争行为的处理另有规定的，在依照其规定的基础上根据这条规定可由全国人大常委会做出专门的立法解释。另外，国务院可以在《中华人民共和国反垄断法》实施条例中对竞争性国有企业实施的垄断行为进行进一步列举，以使对竞争性国有企业的反垄断规制更具有可操作性。

（二）建立相对独立、权威、高效的专业化执法和司法机构

任何法律的效力都依赖于如何去解释和执行；一部法律制定出来，必须通过良好的执法机构来执行运作，若得不到执行，再好的法律也会沦为一纸空文。从国际经验来看，大部分的国家和地区都成立了相对独立的行政机关来执行反垄断法，如德国、日本、韩国等，这些机关的组织方式与我国法院相似，具有专门的执行和裁决职能，不过其性质是准司法机构，始终与行政机构保持着一定的关系。要保证反垄断法的效力，反垄断机构自身的独立性是关键，如果缺少独立性，其他机构可以随意推翻和修改反垄断机构的裁决，那么反垄断法就失去了效力，反垄断机构也就没有存在的意义。从我国反垄断执法机构所承担的任务来看，一方面要注意规制企业的垄断行为，尤其是那些经济效益显著、资金实力雄厚的企业；另一方面是行政垄断行为，在行政垄断的执法过程中，反垄断执法机构不仅要面对实施垄断行为的企业，还要直面相关的政府机关及其所属部门。这既是执法过程中的难点所在，也是我国当前反垄断的特点，反垄断立法和执法

相对完善的西方发达国家并未把国家行政垄断行为作为规制重点。为了应对这一难题，2018 年，我国通过《国务院机构改革方案》，把国家发改委、商务部、工商总局三家反垄断执法机构的执法职能统一到新组建的国家市场监督管理总局，使分散执法的模式得到根本改变，统一高效的执法体制得以建立。与此相对应，在国家组织机构设置的相关法律和《中华人民共和国反垄断法》中，应相应地做出调整，以法律的形式赋予国家市场监督管理总局较高的地位，这样才有利于反垄断组织工作的展开。竞争法经常被誉为经济宪法，市场经济体制的成熟、国家经济发展、综合国力的提高、消费者权益的保护，都离不开以反垄断法为核心的竞争法。为了中国特色社会主义市场经济的持续稳定发展，竞争法的进一步完善工作应当受到广泛重视。反垄断执法机构的权威性必须被树立起来，确保竞争法有效实施的配套法律法规也应当尽快得到完善。

（三）强化反垄断执法的司法介入

由于传统思维的根深蒂固以及法律信仰的缺位，我国的行政权力没有得到有效的约束，而竞争性国有企业与行政权力本质上的联系，决定了我国反垄断机构的设置和相应的执法程序中所出现的种种问题需要通过相对独立的司法机关介入来解决。建立健全垄断行为的举报机制成为独立司法介入的关键所在。首先，司法监督程序的关键应当是建立行之有效的监督机制，这应当是一种外部监督，由人民法院对反垄断执法机构的执法工作进行监督，对行使权力的反垄断执法机构的懈怠可以通知其上级行政机关责令其进行改正。其次，还应当细化反垄断执法过程中的司法监督程序，以防止在调查竞争性国有企业反垄断案件中，反垄断执法机构被竞争性国有企业所“俘获”。在此基础之上，应当构建反垄断执法机构与行业监管部门相互协调合作、共同反垄断的司法审查制度，防止行业监管部门为维护行业垄断利益而进行不法的反垄断执法行为。

（四）建立反垄断公益诉讼机制

公益诉讼是指定的机关或公民为了维护社会公共利益，依法对违反法律法规、损害社会公益的行为提起诉讼，追究其法律责任的诉讼活动。我国公益诉讼起步较晚，尚未建立反垄断领域的公益诉讼机制。要建立反垄断领域的公益诉讼机制，应当借鉴吸收民事诉讼领域关于公益诉讼的部分内容。由于经济法兼有公法与私法的属性，建立我国的反垄断公益诉讼制度亟须解决以下问题。首先，反垄断公益诉讼主体的界定。反垄断公益诉讼的法律关系主体包括法院、当事人和其他诉讼参与人，其中原告的资格问题尤为关键。从反垄断公益诉讼的本质特征上来看，与传统的部门法相区别，反垄断公益诉讼在原告资格的设置上应区别于传统的“必须是与本案有直接利害关系的人”的要求。除此之外，还必须注意到以下两点：一是反垄断公益诉讼中的原告既可以自己的名义提起诉讼，也可以社会的名义提起诉讼；二是反垄断公益诉讼中检察院既可以通过原告身份进行诉讼，也可以作为审判监督主体或诉讼参与人参加反垄断公益诉讼。其次，反垄断公益诉讼中的举证责任问题。在该类诉讼中，关于举证责任在哪一方，我们不得不考虑原告和被告的实力差距，尤其是消费者和垄断性企业之间的实力差距。采用传统部门法的“谁主张谁举证”原则，对于原告特别是势单力薄的消费者来说是不公平的，这种举证责任的原则基本上不能保证原告实现其正当的诉讼请求，无法达到经济法所追求的实质公平。因此，在反垄断公益诉讼中应适用“举证责任倒置”的规则，原告方只需要提供证据证明被告方的垄断行为和相应的损害事实即可，而相应的举证责任由被告方承担。反垄断法产生于西方市场经济国家，其实质是希望能通过政府权力对市场势力的控制来介入和解决市场中的垄断问题，以此来维护市场经济国家发展必需的良好的竞争环境和秩序。但是各国的实践都表明，依靠政府的力量不仅无法妥善解决相关的问题，还可能产生政府权力扩张的副作用。为此，借助司法的力量，建立反垄断公益诉讼、集团诉讼确有必要。建立这种集体诉讼机制不仅能完善反垄断法经营者救济机制不完善的缺陷，还能够使社会公众力量参与到监督规制竞争性国有企业的垄断行为中来。由于公益诉讼与集团诉讼理念存在互通性，二者的结合能够使反垄断诉讼机制更为完善，必将更为有效地为我国竞争性国有企业的发展创造良好的市场竞争环境。

二、通过完善《中华人民共和国破产法》等相关法规实现国有资产的有序退出和财务约束硬化

产能过剩是当前我国经济面临的严重问题，僵尸企业是导致产能过剩

的主要原因，对僵尸企业的清理能有效缓解产能过剩问题[①]。此外，国有企业的刚兑预期既是僵尸企业产生的原因，也是引发政府隐性债务问题的重要因素。[②] 通过市场化方式处置僵尸企业，化解产能过剩的困境，对激发竞争性国有企业的活力以及提升政府的财政能力都具有重要的意义。

产能过剩与供给侧改革的要素关联密切，劳动力过剩、资本积压、创新不足是产能过剩的重要表现。以裁员的方式处理僵尸企业是当前我国国有企业发展的重要手段。[③] 裁员与出售固定资产在一定程度上可以缓解产能过剩问题，促成市场需求与产能的供给平衡。裁员是对供给侧中劳动力要素的处置，出售固定资产是为了缓解资本囤积的压力。以关闭破产的方式处理僵尸企业的落后产能，是对供给侧创新要素的调整。落后产能是阻碍新型企业成立的因素，如果它没有得到及时清退，国有企业的创新发展就会困难重重，对落后产能的清退也是为提高企业盈利能力，不断完善供给侧的资本要素的需要。

一般来说，僵尸企业多为一些负债较高且无望恢复生气的企业，该类企业在放贷者或政府财税政策的支持下存活，其主要特征表现为企业规模庞大、产能过剩、所处产业领域低端，这些企业还在地方经济中占有主导地位等，是当前阻碍国有企业改革发展的重要难题[④]，同时这些企业也是我国大量“不良资产”的集中地。僵尸企业作为负债较高的企业，其盈利能力不断降低，无法偿还银行和政府的资金，致使企业占用大量社会资源，造成产能过剩。

僵尸企业和不良资产对国有企业改革的阻碍作用主要表现为以下三点[⑤]：第一，僵尸企业多为大型国有企业，覆盖领域包含钢铁、房地产、建筑、商贸以及综合类产业。对大型国有企业的改革本身就存在很大的难

---

① 聂辉华等：《中国僵尸企业研究报告——现状、原因和对策》，载《人大国发院年度研究报告》2016 年 7 月第 9 期，第 7 - 10 页。

② 岳清唐：《中国国有企业改革发展史：1978—2018》，社会科学文献出版社 2018 年版，第 209 - 212 页。

③ 周劲、付保宗：《产能过剩的内涵、评价体系及在我国工业领域的表现特征》，载《经济学动态》2011 年第 10 期，第 58 - 64 页。

④ 张俊美、许家云：《国企改革抑制僵尸企业的形成吗——以外部监管为例》，载《财经论丛》2020 年第 3 期，第 102 - 112 页。

⑤ 聂辉华等：《中国僵尸企业研究报告——现状、原因和对策》，载《人大国发院年度研究报告》2016 年 7 月第 9 期，第 26 页，36 - 47 页。

度，其行业领域的广泛使国有企业改革变得格外棘手。第二，僵尸企业所占用的大量土地、资金、劳动力以及原材料等资源，得不到有效的利用，造成严重的资源浪费问题。僵尸企业占用了健康企业的资源，但僵尸企业并未利用好资源从而发挥出自身的创新和高效运作能力，导致产生“劣币驱逐良币”现象，破坏市场的公平机制。优质的社会资源无法被应用到合适的领域，有效资源无法贡献到优质的产业中，在一定程度上造成了社会经济的滞后。此外，银行持续地对僵尸企业进行资金供给，而僵尸企业无法偿还贷款，对银行形成不良贷款，会引发系统性的金融危机，影响社会经济的平稳发展；地区和政府不断对僵尸企业补贴供给，僵尸企业无法发挥其企业作用，会在“僵尸效应”的影响下，使当地政府所掌控的经济丧失活力。因此，僵尸企业的“僵尸效应”能够将与其相关的各种产业和行业拖垮，会将其自身的“僵尸”属性传播给予其有密切关联的产业或行业。第三，僵尸企业的收入来源不稳定，常拖欠职工工资，影响员工的工作积极性。

僵尸企业的产生有两种原因：其一为当地政府对企业一定程度的保护，其二是企业间存在的非公平性竞争。[①] 对这两种原因的重点关注与改善，不仅有利于减缓僵尸企业形成的进程，在一定程度上还能有效地遏制僵尸企业的形成。地方政府为寻求当地经济的稳定发展，对经济予以一定的政策干预，这易形成企业发展的非理性状况。政府盲目鼓励企业扩大生产规模，将财政资源过度集中在公共事业部门和竞争性领域中，造成市场资源分配不均衡现象。当市场需求达到饱和后，企业所生产的产品大于市场需求，企业易产生严重的产能过剩，盈利能力不断下降，企业的经营逐步走入困境。政府为维持企业不倒闭、稳固社会经济的发展，会继续发挥宏观调控职能，对产能过剩企业予以补贴和贷款，长此以往，大量的负债在不断累积中将企业催化成僵尸企业。此外，一些地方政府会让经济效益较好的国有企业兼并经济效益较差的企业，以期实现对僵尸企业的整改。但这样可能会导致两个企业合并成一个更大的僵尸企业。随着我国经济的发展，国家对混合所有制经济、民营经济以及非公有制经济的支持力度大大提升，这为一些效益不好的企业带来了较大的竞争压力。这些企业多是

---

① 聂辉华等：《中国僵尸企业研究报告——现状、原因和对策》，载《人大国发院年度研究报告》2016 年 7 月第 9 期，第 36 – 47 页。

一些低端行业企业，其规模不断扩大，但由于其性质的特殊性和利润空间的狭窄，转型极为困难，多数在企业的竞争中处于不利地位。该类企业为了应对竞争所采取的唯一办法就是盲目扩大生产，但是盲目扩大生产规模会造成严重的产能过剩。

在僵尸企业改革的过程中，所需处理的僵尸企业多为大中型企业，对该类企业处置的难度很大。[①] 首先因为该类企业规模庞大，其次其所牵连的范围也较广，对一个国有僵尸企业的处理，会波及众多相关企业，甚至影响整个行业的发展。僵尸企业在银行或政府财税政策的支持下存活，银行和政府对僵尸企业给予财政支持的目的是维持企业生计，使企业免于倒闭，对该类企业的处理会使银行和政府"大伤元气"。因此，合理进行国有僵尸企业的改革，将银行和政府的损失降到最低，是我们当前需要认真思考的问题。

为了处理国有僵尸企业及其不良资产，2015 年，国务院常务会议首次提出处置僵尸企业，这也是国家层面首次提出处置僵尸企业的相关方案。2016 年，国资委部署 2016 年重点工作时，将处置僵尸企业指定为 2016 年的第二大重点工作。国资委制订了处置僵尸企业的目标，即三年内基本完成处置僵尸企业的工作，至 2020 年，全面完成处置僵尸企业的任务目标。2017 年，国资委基本完成对中央下属的 367 家僵尸企业的定性、定量、定位及定时工作。在后续公布的企业名单中，我们也可以看出钢铁和煤炭行业的僵尸企业数量较多，所以，这两个行业中的企业将成为率先被处理的僵尸企业。

一般来看，处理僵尸企业有三种模式——资产重组、产权转让与关闭破产。三种处理模式的共同结果都会造成企业裁员，企业员工的大量裁减易造成剩余劳动力增加、就业压力增大等问题，影响社会的安定与发展。国有企业中的僵尸企业与众多小企业有着复杂的联系，它们肩负着更多的社会责任，为社会提供了不少的就业机会。僵尸企业一旦倒闭，就会对社会的就业率产生严重影响。处置僵尸企业需注重失业救济与再就业培训的开展，需要对僵尸企业的后续完善工作做好准备。

具体来看，我国国有企业尤其是竞争性国有企业要清理僵尸企业和不

① 聂辉华等：《中国僵尸企业研究报告——现状、原因和对策》，载《人大国发院年度研究报告》2016 年 7 月第 9 期，第 29 页。

良资产，提升企业活力，应进一步做到以下五点。

第一，建立科学识别僵尸企业的机制。国内目前没有统一识别僵尸企业的标准，国务院与工业和信息化部对僵尸企业的定义清晰，但缺乏具体化解释，这方面可参考深圳的经验。深圳市依据国有企业改革政策要求，按照当地经济发展实际制订处置僵尸企业的方案，对僵尸企业的分类也做出具体规定。深圳市将僵尸企业分为两类：其一为关停企业。关停企业，即已完全处于关闭或停业状态、职工已安置或仍有部分留守人员、营业执照被吊销的企业，以及“三无”企业。其二为特困企业。特困企业，即满足下列条件的企业：资产负债率超过85%且连续亏损3年以上，主要靠政府补贴或银行续贷等方式维持生产经营，连续3年欠薪、欠税、欠息、欠费，生产经营困难造成停产半年以上或半停产1年以上。处置僵尸企业促进国有企业改革发展的实施方案，第一个步骤即为识别僵尸企业，只有制定出科学合理的识别僵尸企业的标准，出台具体化的识别僵尸企业的细则，才能准确地找出僵尸企业，并快速采取措施，避免因企业经营状况恶化对社会经济产生更严重的影响。对僵尸企业的准确识别有利于政府了解当地企业的经营状况，被确认为僵尸企业的国有企业可进行下一步归类处置，依据僵尸企业发展状况差异，选择合理的处置方法。随着经济的发展，部分僵尸企业通过转型、政府救助等方式能够恢复生机，对待不同行业、不同成因的国有僵尸企业不应采取“一刀切”的方式，需依据企业不同的现状，合理采用资产重组、产权转让与关闭破产等模式进行处置。政府应联合金融机构、行业协会等单位对僵尸企业进行深入调查、评估，对问题企业进行筛查，选择处置方案。对待传统企业除重组、关停外，还应利用“一带一路”政策机遇，加快实现与其他国家的产能合作，以便合理输送过剩产能。

第二，构建企业外部公平的市场竞争机制。僵尸企业产生的根源之一是政府的干预，所以要想避免僵尸企业的形成，就需要减少政府对僵尸企业的干预。应加强市场对经济的主导作用，加强市场机制在僵尸企业产生、重组、改革上的主导作用，通过市场规律作用的发挥遏制政府为谋求自身利益不断扩大产能、干预企业运营发展的行为。政府可考虑顺应市场规律，减少对僵尸企业不必要的补贴，加大力度约束政府盲目补贴的行为。政府应严格规范企业接受补贴的条件，对待接受政府补贴的企业进行全方面评估，包含价值评估、发展潜力评估、创新能力评估、风险水平评估等，综合企业多种因素谨慎给予补贴。政府还应考虑降低对经济干预的内在冲动，使初具规模的僵尸企业顺应市场规律转型或退出，营造良好的竞争机制，维护经济的稳定发展。国外处置僵尸企业的一些经验值得我们借鉴，其对新技术、新设备的资助，对市场前景良好却临时出现债务危机的企业的税收政策、资金支持等方案值得国内企业学习。

第三，加强银行对竞争性国有企业的市场化风险管理机制。银行机构须提升监控力度，对易产生僵尸企业的行业，如钢铁、煤炭、重金属等产能过剩行业，合理评估其可能引发的信用风险等级。银行机构须摸清连年亏损、资不抵债和已停产企业的情况，掌握靠政府补贴、银行续贷维持生计企业的名单和融资状况。例如，银行机构应完善管理机制，优化内部绩效考核制度，规范员工的操作行为，对企业不良贷款及时反映，适时采用现金清收、呆账核销、贷款重组等方法，确保获取信贷质量的真实反馈，减少本息损失；在处置国有僵尸企业过程中，采取分类措施，对债务规模大、债权银行多的企业，按企业的特殊情况进行减贷、增贷和重组等措施；对暂时资金周转困难的企业，可采取资产置换、债转股、资产注入等方式解决企业危机。

第四，优化竞争性国有企业的产业分布结构。产业结构的失衡和资源的过度集中是国有僵尸企业产生的又一根源。调整产业结构能有效减少僵尸企业的形成。首先，调整产业结构，发展绿色低碳产业，在改造传统产业的基础上，将信贷资金用来发展新兴产业、现代服务业以及高端制造业等，以确保传统产业的合理转型。其次，还应调节企业的产品结构，面对出现经营困难状况的企业，应强化处于困难中的国有企业作为风险化解第一责任人的主体地位，引导企业降低传统产能，制订合理先进的产品和市场战略，提升产品的质量并加速产品升级。

第五，完善企业破产的相关法律体系。从我国司法角度考虑，国内缺乏有效的僵尸企业出清法律法规。目前，我国僵尸企业破产程序复杂，流程烦琐，企业向法院申请破产且得到法院受理的过程较为艰难，法院执行破产需要经历漫长的时间，审核制度尚不完善。企业申请破产成功后，法院执行破产程序，但其中涉及各方利益而导致协调困难。企业申请破产后的其他问题也需得到妥善处理，现行金融税收等法律体系不协调，企业破产法的规定与实践的差异性等问题，都显现出我国相关法律体系的不健全。处置僵尸企业需遵循《中华人民共和国公司法》《中华人民共和国有企业破产法》《中华人民共和国劳动合同法》等法律的条款内容，在企业执行破产程序过程中，产业管理部门、金融机构、国有企业管理者需配合司法部门工作，建立与利益相关部门的协商机制，处理企业职工被拖欠工资和社保的问题。依据市场环境需求，加速重点环节的立法工作，保障市场公平，限制金融机构和地方政府对发展无望的僵尸企业的资金支持，让僵尸企业顺应市场规律逐步退出。

第五节 改革政府职能与国有资本监管体制

在理想化的市场经济条件下，国有企业，特别是竞争性国有企业应与其他各企业主体在公平、透明、开放的市场经济体制下自由竞争；而政府作为第三方，通过制定政策规定、提供配套设施等手段，施以“援助之手”[①]。但是当地方政府以股东的身份参与微观企业的运营决策时，这种市场秩序的公平性可能会被打破。国有企业改革的目的是希望企业能够增强自主性，激发企业活力，把国有资本做大做强，但是为了确保企业经营不偏离政府利益诉求目标，政府往往会通过安排与其具有紧密联系的“官员型”高管对国有企业进行间接监督与管理。一般来说，国有企业的“官员型”高管比例越大，政府越能够轻易监督企业的各项经营决策；与此同时，企业获取政府投资的机会和渠道也会越多，政企关系越容易建立。而这种政企关系的建立本质上又强化了政府角色错位的矛盾，让政府作为社会管理者与经济参与者的角色界限愈加模糊。[②]

为了解决上述的问题，对政府特别是地方政府职能的改革以及国有资产监管体系的改革，应做到以下两方面。

---

① “掠夺之手”和“援助之手”的概念，参阅施弗莱、维什尼著《掠夺之手：政府病及其治疗》，中信出版社2004年版。

② 关于“官员型”高管对政企合谋、企业非生产性支出决策扭曲的研究，可参阅逯东等著《“官员型”高管、公司业债和非生产性支出——基于国有上市公司的经验证据》，载《金融研究》2012年第6期。

（一）政府必须明确行政管理者的主要角色地位

政府应该明确其主要的角色定位，减少事前审批对竞争性国有企业的干预，使竞争性国有企业更多地接受市场或第三方独立评估机构的检验而非政府部门的检验，将政府职能从事前审批向事中、事后监管转变。作为整个市场经济秩序的"援助之手"，把市场这块"蛋糕"做好做大才是实现政府与各企业主体双赢的最优方案。有的时候，国有企业的管理并不完全是企业管理者的问题，也有可能是政府的问题，很多时候企业管理者并不能决定很多事情，而是需要得到政府相关部门的审批。企图僭越法律从而破坏市场契约执行的"攫取之手"虽然在短期内可以为地方政府和地方国有企业带来相关收益，却会对经济的持续增长与市场秩序的稳定性产生不利影响。[①] 此外，市场的正常运行离不开中介组织，比较常见的中介组织有信用评估机构、担保组织、会计师事务所等。但是按照我国有关规定，在国有企业的混合所有制改革中，负责对资产进行评估的机构是由国资委指定的，评估的结果是否可靠，也由国资委来认定，这样的规定可能会忽视第三方评估机构的独立性，国资委既是交易的主体，也是监督的主体，这样就很难保证其行为的客观性和公正性。要想让国有企业的混合所有制改革中没有产权纠纷，就应保证第三方评估机构的独立性，国家需要从法律的层面来对此进行管理，明确由政府部门来对评估机构进行监督，同时还要明确利益各方在资产评估中的行为规范。

（二）各级地方政府是国有资本所有者，不是直接经营者

各级地方政府是国有资本所有者，不是直接经营者。国有资产监管也应当从"管人管事管资本"向单一的"管资本"职能转变。国资委是国务院及地方政府直属部门，受政府委托，代为履行政府出资人义务，拥有对国有资产经营监管的权力，我国国有企业的资金交易、人事等一切经营活动都由国资委管理。政府成立国资委的目的是推动政府对国有企业监管职能的减弱，加快国有企业与政府的分离。因此，首先要从组织机构上进行精简，不合理、不必要存在的部门可考虑删减，让国资委对国有资产进

---

① "掠夺之手"和"援助之手"的概念，参阅施弗莱、维什尼《掠夺之手：政府病及其治疗》，中信出版社 2004 年版。

行管理，真正做到政企分开，政府尽量不对国资委的管理进行干预；其次是政府部门之间要明确职责，相互独立又相互配合，政府不能对国有企业的人事任命进行过度干预，财务部门不可以控制国有企业的财政，这样各个部门之间的权力明晰，才能够更好地约束政府的行为。[①]

第六节　本章小结

本章从内部治理和外部治理两个方面，提出竞争性国有企业混合所有制改革的具体保障措施。

内部制度保障包括两大方面：第一，在决策和管理层方面，依靠《中华人民共和国公司法》在竞争性国有企业中的落实和应用，合理分配和设计“三会一层”的权力及其关系，缩减决策链条，保障竞争性国有企业的决策和管理机制能够充分灵活适应外部市场环境；第二，在员工层面，改革企业的用工制度和完善员工持股制度，例如切实贯彻《中华人民共和国劳动法》，以保障员工利益、以社会保障机制取代“办社会”方式建立员工福利制度、构建市场化的用工机制促进员工流动，形成良好的企业文化和良好的工作环境，以及提高员工参与企业决策的能力和积极性等。

外部制度保障包括两大方面：第一，完善市场竞争机制，使市场竞争过程成为引导竞争性国有资产有效运用的主要手段，包括完善反垄断法、反不正当竞争法和企业破产法等；第二，改革政府职能和国有资本监管体制，使得政府和国有资产监管部门的相关职权从事前审批向事中、事后的监管和服务转变，包括引入国有资本经营绩效的第三方独立评估机构、国有资产监管向单一的“管资本”职能转变以及设立专业化部门实施事中、事后监管等。

---

① 孙晋：《竞争性国有企业改革路径法律研究——基于竞争中立原则的视角》，人民出版社2020年版，第206－215页。

第五章

竞争性国有企业混合所有制改革的案例分析

本章将通过案例分析具体阐释第四章中提出的内外部制度保障措施，以案例研究的方式归纳总结竞争性国有企业混合所有制改革中的经验教训、模式特点，完善国有企业混合所有制改革的相关理论，为未来我国的混合所有制改革政策制定以及相关国有企业的混合所有制改革方案制定与公司治理提供参考。

本章所选案例的相关内容均来自公开资料，所选企业也是较具代表性的竞争性国有企业，在内外部制度保障措施构建的不同方面具有各自的独特之处。通过这些案例我们能够发现：①这些案例从不同角度验证了第四章提出的各项内外部制度保障措施的合理性和有效性；②这些案例也警示了我们，前面提到的许多制度保障措施并不是普遍适用的，根据不同的企业内部特征以及企业所处的不同外部环境，保障措施的选择和组合应有所侧重。

第一节　海信视像：激励计划的短期与长期效应

一、公司简介

1997 年 4 月，海信电器在上海证券交易所上市，并在 2019 年 12 月改名为“海信视像”。在海信集团的股份中，代国资委持有 23897 万股，占比约达 48%，是其最大的股东。因此，海信视像是一家典型的国有控股企业。海信视像主要从事显示及上下游产业链产品的研究、开发、生产与销售，截至 2019 年底，公司共有员工 2.1 万余人，每年的电视产能达到 2600 多万台。生产基地遍布日本、青岛、江门、贵阳等国家和地区，产品销往海内外 100 多个国家和地区。

作为山东省第一家实行混合所有制改革的国有企业，海信集团是国有企业改革道路上的先行者，在对国有企业进行改革的探索进程中处于前列。海信视像的混合所有制改革措施可以总结为对外和对内两个方向，即引入外部优质参与者和加强内部股权激励。一方面，海信视像积极将包括海丰、日立、石基信息在内的多家高质量的国有、外资以及私人资本企业引入其集团下属子公司，不仅改善了公司的治理能力和市场化运作水平，同时还达到强强联手、优势互补、拓展业务范围的效果。另一方面，集团于2001年开始实行股权激励试点方案，联合周厚健、于淑珉等7名自然人成立了海信电子，新公司注册资本为1.24亿元，其中7名自然人持股比例达到14.21%，通过这种股权激励的方式加强对核心业务骨干的中长期激励。

二、混合所有制改革的情况

（一）第一次混合所有制改革的动因

2008年前后，各个行业快速发展并相互影响，整个家电行业的产品也已经逐步升级，从之前的高成本、低覆盖率转变为高效益和智能化。随着互联网技术的广泛应用，公司的经营渠道也发生了变化，从以前单一的门户垄断和批量订购变成了线上线下同时销售的模式。长远来看，我国家电产业不仅需要面对国内行业和市场情况的剧变，同时也需要经受来自海外市场的巨大挑战与考验。

2004—2006年，海信视像的营业收入增长率均大于30%，而2007年这一指标陡降至7.72%，2008年更是转变为-9.65%。2008年全球金融危机致使各国股市行情持续下滑，加大了家电产业的整体运营风险，导致当年行业整体营业收入增长率为-1%。而海信视像相较于行业整体，面临更加严峻的情况。如何提高公司的竞争力，使其在整个家电市场中占更高的份额，需要由公司的经营战略来决定。在大多数公司都在打价格战的时候，海信视像决定凭借自己的技术优势抢占市场，而技术创新需要更多的资金支持。海信视像一直存在的管理队伍薪资水平不高及资金短缺等情况导致管理团队的核心人才不稳定。此外，当时公司对管理层考核主要采取工资与奖金相结合的传统激励方式，依据短期财务数据，没有将其与公司长远发展结合。为了改变现状，公司亟须通过某种激励手段给予核心员工和企业高管可观的长期回报，将优质员工的个人利益与企业利益紧密结合在一起，从而达到将优秀人才与企业绑定的目的。

此外，公司于2006年响应国家政策的号召，实现了股权分置改革的目标；在之后的两年里，又分别展开了一系列提升内部治理能力和规范经营的自检活动，进一步完善了公司的法人治理结构，为其后续实施的股权激励等措施打下了坚实的基础。为了解决传统薪资模式的弊端，着眼于公司的长远发展，海信视像采取股权激励的措施来实现公司利益与员工个人利益的绑定，使集团高管和核心员工能够充分发挥各自潜能，尽自己的全力为公司谋求最大利益，实现公司的长期有利发展，并最终于2008年11月20日披露了股权激励计划草案。

（二）第一次混合所有制改革的方案与细节

2008年11月19日，海信视像第四届第三十四次董事会正式确立了《青岛海信电器股份有限公司股票期权激励计划（草案）》，于2009年第一次临时股东大会审议通过。

海信视像2008年股票期权激励计划具体内容如表5－1所示，拟对8名高管和68名中层管理人员实施股权激励，所涉及的标的股票总数累计不超过企业股本总额的10%。首期授予的股票期权有效期为自首期股票期权授权日起的5年，限制期为2年，激励对象在授权日之后的第3年开始分3年匀速行权，每年可行权数量分别为授予期权总量的33%、33%与34%。股票期权激励计划首次实施时授予股票期权的业绩条件为公司2007年度相比2006年度，净利润增长率不低于20%（包括20%），且不低于公司前三年的平均增长率以及行业前三年的平均增长率；净资产收益率不低于7%，且《青岛海信电器股份有限公司股票期权激励计划（草案）》中各项规定不低于行业平均水平。行权条件为首次计划有效期内公司每年平均的净利润增长率不低于14%（包括14%），且不低于行业的平均增长率；净资产收益率不低于8%（包括8%），且不低于行业平均水平。最终，该次股权激励共发放4050万份股权，自授予之日起，在有效期内可以行权价买入海信视像的普通股。

表5－1　海信视像2008年股权激励计划内容

要素	主要内容
激励对象	董事长、董事、总经理、副总经理、财务负责人、董事会秘书、中层管理人员（68名）
激励形式	股票期权

（续表5－1）

要素	主要内容
股票来源	企业面向激励对象进行普通股的定向发售与有效股权激励计划相关的所有标的股票数量应严格限定在企业股本总额10%的范围内
实施方式	分期实施
行权价格	5.72元/股
首次授予有效期	自首期股票期权授权日起的5年
授予日	2009年5月27日
行权限制期	2年
可行权日	2011年5月27日
行权有效期	3年
行权条件	①在行权限制期内，公司股东于2009—2010年所拥有的净利润以及扣除非经常性损益的净利润水平应与2009年前三年的平均水平持平或更高，且不得低于零； ②第N个行权期内，以经审计归上市企业股东所有的扣除非经常性损益的净利润值为基准进行计算，T年……$T+N$年的平均净利润增长率不低于14%（包括14%），T年……$T+N$年各年度净资产收益率的加权平均值不低于8%（包括8%），且与行业平均水平持平或更高（其中，股权激励计划授权当年以T来表示，即$T=2009$；$N=1$，2，3）
行权情况	①第一个可行权期：在满足规定的行权条件下，激励对象自授权日起满2年后的下一交易日起至授权日起满3年的交易日当日止，可行权总量为162.03万股，占可行权的标的股票总数的33%； ②第二个可行权期：在满足规定的行权条件下，激励对象自授权日起满3年后的下一交易日起至授权日起满4年的交易日当日止，可行权总量为162.03万股，占可行权的标的股票总数的33%； ③第三个可行权期：在满足规定的行权条件下，激励对象自授权日起满4年后的下一交易日起至授权日起满5年的交易日当日止，可行权总量为166.94万股，占可行权的标的股票总数的34%

资料来源：《青岛海信电器股份有限公司股票期权激励计划（草案）》。

海信视像前两个行权期的条件是平均净利润增长率不低于14%（包

括 14%）以及净资产收益率加权平均值不低于 8%（包括 8%），且不低于行业平均水平。但是，海信视像并没有提供其同行业样本公司名单，是否低于行业平均水平无从考证。2009 年年报数据显示，海信视像公司净利润增长率为 118.3%，净资产收益率为 12.1%；而 2010 年净利润增长率为 101.3%，净资产收益率为 14.69%。因 2008、2009、2010 年度利润分配，董事会调整行权价格和授予数量，调整后行权价格为 3.42 元/股、授予数量为 736.5 万股。又因激励对象发生离职等情况，取消上述激励对象资格并注销其对应的股票期权合计 63 万股，董事会调整激励对象及授予数量，调整后授予数量为 673.5 万股。2011 年平均利润增长率为 109.39%，年平均收益率为 25.37%，满足第二次行权的条件。2012 年 7 月 6 日，经由股东大会的审核和同意，实行了 2011 年度利润分配方案，激励对象为 48 人，行权价格变为 2.28 元/股，授予数量调至 333.38 万股。本期行权的为 30 名激励对象。2013 年 11 月 10 日，海信视像实行 2012 年度利润分配方案，即 10 股派现 3.7 元，同时调整执行价格由 2.28 元/股降为 1.91 元/股。由于部分获得期权授予的员工出现岗位更换或者离开公司的情况，其所享有的期权数量相应进行调整或者取消，最终行权数量确定为 183.6 万股，人数变为 30 人。2009—2012 年 4 年间，企业年均净利润增长率分别为 118.3%、101.3%、109.4% 和 70.8%，年均净资产收益率分别为 12.11%、14.69%、26.37% 和 19.28%，均满足行权条件。海信视像股权激励三次行权结果见表 5－2。

表 5－2　海信视像股权激励三次行权结果

激励对象	第一次行权（2011 年）		第二次行权（2012 年）		第三次行权（2013 年）	
	授予数量（万股）	本期可行权数量（万股）	授予数量（万股）	本期可行权数量（万股）	授予数量（万股）	本期可行权数量（万股）
董事长	75.00	24.75	75.00	37.13	75.00	38.25
董事	45.00	14.85	45.00	22.28	45.00	22.95
总经理	40.50	13.37	40.50	20.05	40.50	20.66
财务负责人	4.50	1.49	4.50	2.23	4.50	2.30
其他中层管理人员及骨干员工	508.50	167.81	508.50	251.71	508.50	99.45

（续表5-2）

激励对象	第一次行权（2011年）		第二次行权（2012年）		第三次行权（2013年）	
	授予数量（万股）	本期可行权数量（万股）	授予数量（万股）	本期可行权数量（万股）	授予数量（万股）	本期可行权数量（万股）
合计	673.50	222.26	673.50	333.38	673.50	183.60

数据来源：海信电器股权激励行权安排公告，股权激励第二期、第三期行权结果。

（三）第二次混合所有制改革的动因

自2012年来，全球家电产业格局迎来了大洗牌，日本家电日渐式微、欧美家电企业尽显老态，而中国家电则在竞争“绞杀”中逐步赶上，市场份额不断扩大，国际化程度逐步提高。同时，消费电子与家电行业赢家通吃的效应加剧，市场份额渐渐被头部的几家企业所占据。中国家电市场按区域可以划分为南方的珠三角、北方的青岛两大地区，区域竞争十分激烈。山东青岛地区聚集澳柯玛、海尔、海信等，而珠三角地区则坐拥美的、格力两大知名家电企业。近几年来，家电行业重心逐渐南移。美的和格力2019年的全年总营收分别达到2794亿元、2005.08亿元，成为“2000亿元俱乐部”的一员，两家企业的实质市值均超过3000亿元。北方的海尔集团2019年全年总营收也达到了2007.6亿元。这三家企业成为家电行业的“领头羊”。根据公开信息，海信视像2019年的全年总营收为1268.6亿元，仅达到格力和海尔的六成左右，与头部的美的相比，更是不足其总营收的五成。进入2020年以来，受到疫情和房地产行业下行的影响，海信视像自身的营收也遭到了明显冲击，面临严峻挑战。

除了自身面临的挑战，海信视像其实也站在机遇的风口之上。当前，中国家电正在或即将享受技术革命带来的超级红利，在5G、物联网、AI等技术浪潮的席卷下，家电行业也开启了家电智能化的技术变革。这对于重视技术创新的海信视像来说既是挑战，更是巨大的机会。在变革的时代，只有具有国际化视野及富有竞争力的治理模式的企业，才能抓住技术革命的良机，在行业浪潮中取得领先地位。海信视像作为出海企业的标杆，不仅要有强大的产品和技术制造能力，更要有与之相匹配的先进的公司结构和治理模式。海信视像的第二次混合所有制改革是挑战与机遇双重压力下的必然之举，是顺应自身变革需求和时代潮流变化的必然之举，可谓恰逢其时。

2019 年 8 月 8 日，青岛市发布《推进国有企业改革攻势作战方案（2019—2022 年）》，确定了全面推进市属企业混合所有制改革，用 4 年时间实现国有企业改革取得明显成效的目标。而青岛市国资委在同年 8 月 22 日发布的《国有企业混合所有制改革招商项目书》中更是明确将包括海信视像在内的三家企业列入招商名单。2020 年 12 月 30 日，海信视像和海信家电同时发布公告宣布，青岛市人民政府已经正式批准《海信集团深化混合所有制改革实施方案》，海信集团新一轮混合所有制改革就此开启。

（四）第二次混合所有制改革的方案与细节

2020 年 12 月 30 日，海信视像发布公告宣布《海信集团深化混合所有制改革实施方案》已经正式完成实施。海信集团本次深化混合所有制改革，以海信视像控股股东青岛海信电子产业控股股份有限公司（以下简称“海信电子控股”）为主体，通过公开挂牌、增资扩股的方式，引入了青岛新丰信息技术有限公司（以下简称“青岛新丰”）这一具有产业协同效应的战略投资者，助力海信集团的国际化发展。青岛新丰投入 37.5 亿元对海信电子控股进行增资，加上原先持有的股份，青岛新丰在本次增资扩股完成后与其一致行动人共计持有海信电子控股总股本的 27%。

而海信电子控股作为海信视像的控股股东，持有公司 29.99% 的股份。本次混合所有制改革进一步分散了海信电子控股的股权结构，不再有单一股东或存在一致行动关系的股东合计能控制海信电子控股超过 30% 的投票表决权。海信电子控股的董事由其股东按出资比例和章程约定提名，并通过股东大会经选举产生，没有任何单一股东或存在一致行动关系的股东可以决定选任海信电子控股董事会一半以上成员并控制董事会。这导致海信电子控股可能因此变为无实际控制人，从而导致原本由青岛市国资委实际控制的海信视像变为无实际控制人，同时海信集团也将不再是海信视像的间接控股股东。

如图 5 – 1 所示，青岛新丰在本次增资扩股前就持有海信电子控股 8.64% 的股份。此外，上海海丰航运有限公司也持有海信电子控股 3.19% 的股份。青岛新丰实际控制人杨绍鹏也是上海海丰航运有限公司的母公司海丰国际的实际控制人，控制海丰国际 51.74% 的权益。海丰是一家航运物流企业，其主要业务布局在亚洲区域内，并开始向非洲等亚洲区域外市场加大拓展业务力度。目前海丰共经营 70 条贸易航线，覆盖 70 多个分布在 13 个国家和地区的主要港口，在 9 个国家与物流及生产企业或者当地港口、码头设施经营者合作设立超过 35 家合资公司。本次海信国际引进战略投资者具有很好的协同效应，海丰在国际航运、仓储、物流服务方面的资源能够助力海信集团的国际化发展战略，帮助海信国际处理好当地的公共关系，以及引进海外技术、产品和人才，开拓海外的政府市场和企业客户市场。引入战略投资后的海信电子控股股权结构如图 5 – 2 所示。

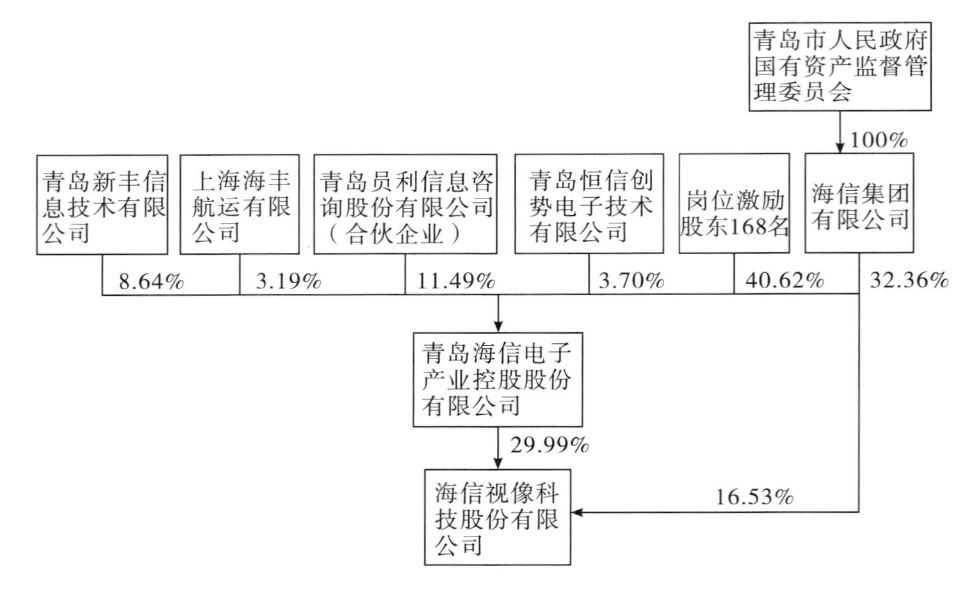

图 5 – 1　权益变动前海信电子控股股权结构

资料来源：海信电器公司年报。

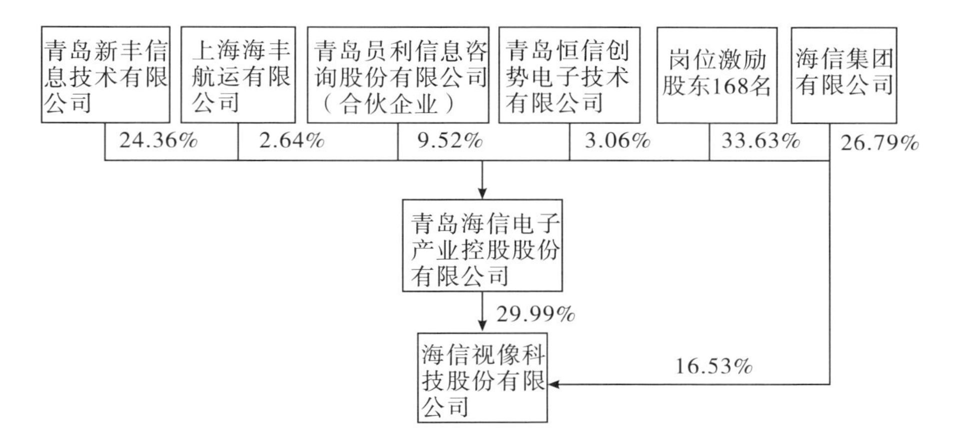

图5－2　引入战略投资后海信电子控股股权结构

资料来源：海信电器公司年报。

三、混合所有制改革的绩效

由于海信视像2020年才实行第二轮混合所有制改革，目前还无法分析改革成效，本书重点探讨海信视像2009年实行股权激励后的发展状况。

通过表5－3可以看出，2009年、2010年以及2011年海信视像的业绩表现突出，净利润增长率远高于14%，净资产收益率在股权激励考核期内均高于8%，一路攀升至2011年的23.57%，表明股权激励取得了显著的成效。然而，在考核期结束的2012年后，企业净利润增长率和扣非净利润增长率迅速转变为负值，且利润连续三年没有恢复增长。这表明为了尽快达到业绩目标，企业超前透支了其考核期内的发展潜力，在过了考核期后效益明显下滑（吴优，2015）。

表5－3　海信视像2008—2014年业绩

指标	时间（年份）						
	2008	2009	2010	2011	2012	2013	2014
净利润(百万元)	211.29	501.87	839.39	1711.80	1630.75	1623.35	1442.83
净利润增长率（%）	－1.04	137.52	67.25	103.93	－4.73	－0.45	－11.12

（续表 5－3）

指标	时间（年份）						
	2008	2009	2010	2011	2012	2013	2014
扣非净利润增长率（%）	59.92	118.25	101.31	109.39	－6.2	－2.61	－11.07
净资产收益率(%)	7.6	10.15	14.72	23.57	18.25	16.01	12.94

图 5－3 为 2009—2016 年海信视像销售净利率与美的集团、格力电器的对比情况。在 2009—2011 年，海信视像销售净利率与两家公司的变动方向相反，从 2009 年的 2.73% 迅速增长至 2011 年的 7.28%，并一度超越两家公司。这在一定程度上反映了股权激励促进公司优化管理、改善成本，发挥了正面作用。然而，以 2011 年为拐点，考核期后海信视像销售净利率呈现明显下降趋势。相比格力电器和美的集团稳步上升的状态，海信视像表现出后劲不足。

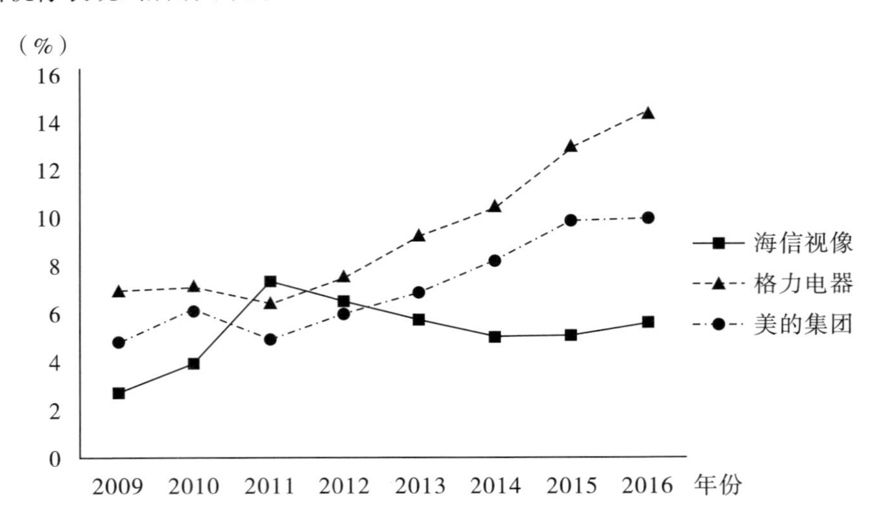

图 5－3　2009—2016 年海信视像销售净利率与美的集团、格力电器对比情况

数据来源：海信视像、格力电器、美的集团 2009—2016 年公司年报。

四、案例启示

对于竞争性国有企业而言，决策和经营的效果可以通过市场机制及时得到反映，从管理层的经营和管理信息中得到更加充分的展现。因此，国有企业管理越是公开、透明，其自定薪酬、谋私利的空间越被削减，推行股权激励计划的合理性越能得到体现。但是，海信视像案例启示我们有必要将股权激励的短期效应和长期效应区分开来。

在短期内，海信视像实施股权激励的措施有效促进了其整体效益的增长。股权激励给企业带来的效益提升效果十分显著，无论是公司净利率、净资产收益率，还是利润增长率指标等，都有明显的提高。此外，海信视像的股权激励采取定向增发形式募集资金，避免给公司现金流带来负面影响。与同行业实施股权激励的其他公司相比，海信视像的股权激励规模要小很多，共涉及491万股，仅占公司总股本的0.99%。这样，私募股权摊销过程中发生的相关费用就不会对公司的财务状况和业绩产生重大影响。

然而，海信视像在股权考核期之后出现了明显的业绩下滑，表现出后劲不足，这反映了海信视像股权激励方案和实施过程仍存在许多改进空间。首先，海信视像行权考核体系中考核指标设置不够合理，盈利能力指标占比过大，且净利润增长率、净资产收益率等考核指标都比较容易受到人为操控。除盈利能力以外，还应该考量公司的偿债能力、运营能力等重要指标，从而全面衡量企业绩效和发展，甚至还应该纳入对包括企业文化、人才培养、创新能力等在内的“软指标”的考量。只有建立科学、合理、全面的考核体系，才能对管理层进行翔实的全面评估，才有利于动员管理层为企业的长远向好发展、提升核心竞争力做出贡献。其次，海信视像的行权公告不够透明，其没有披露选定股票期权公允价值模型中参数的依据，也没有披露每一报告期内股票期权摊销费用的计算方法和程序以及选定的同行业内样本公司情况。最后，有学者指出股权激励对公司的业绩和股价存在倒“U”型影响（范合君、初梓豪，2013；张东坡，2012），不具有长期激励作用，这也表明上市公司的薪酬结构设计有待进一步优化。

第二节　中国联通：战略投资者与企业业务的优势互补

一、公司简介

中国联合通信有限公司于1994年7月19日经国务院批准正式挂牌成立，并于2000年6月在纽约和香港上市，共筹资56.5亿美元。2002年10月，其又在上海证券交易所上市。2009年1月6日，中国联合网络通信集团有限公司（以下简称“中国联通”）在原中国联通和原中国网通的基础上合并成立了国有控股大型电信企业。

中国联通共经历了两次混合所有制改革，第一次是2004年通过A股筹集资金，第二次是2017年引入战略投资者并任命非国有股东。2017年8月16日，中国联通混合所有制改革方案《中国联通关于混合所有制改革有关情况的专项公告》公布，百度、阿里巴巴等互联网巨头合计投入780亿元，成为中国联通的战略投资者。中国联通混合所有制改革方案的发布，对国有企业深化改革具有示范效应。

中国联通首创了“国有股权多元化+民营股权多元化”的混合所有制改革新模式，是央企混合所有制改革的“先行者”，在电信领域创新性地引入了互联网资本，实施“基础电信运营商+互联网领军企业”的资本业务融合新模式，建立构成多元化的监事会和理事会，同时实施了央企规模最大的员工股票激励计划，充分体现了其国有企业混合所有制改革的标杆示范作用。

二、混合所有制改革情况

（一）混合所有制改革动因

首先，通信运营商行业业绩增速大幅下滑。随着4G、5G时代的到来，互联网行业在迅速壮大的同时也攫取了运营商的收入。微信、微博对传统手机短信具有很强的替代性，数据流量成为运营商的主要收入来源，这削弱了2G、3G时代增值服务的盈利能力。与此同时，2015年“降费提速”政策被正式提出，并作为一项重点工作连续三年被写入政府工作报告，旨在依靠网络基础设施带动新一代信息技术产业的发展，让利于民、让利于数字经济。这导致运营商单位流量资费迅速下降。

其次，2017年前，中国联通在国内三大运营商的经营状况、市场份额与业务创新能力的竞争中均处于劣势。2017年上半年年报显示：中国移动、中国电信、中国联通营业收入分别是3888.7亿元、1841.2亿元、1381.6亿元；净利润分别为626.8亿元、125.7亿元和7.8亿元。中国联通的营业收入不及中国移动的40%，利润更仅仅是中国移动的1/80左右。在4G用户数方面，截至2017年底，中国移动、中国电信分别为6.5亿户和1.82亿户，中国联通仅为1.75亿户，占市场用户总数的17%。

究其原因有三点：一是在4G时代中国联通发展相对落后，经营状况不佳。在3G时代，由于中国联通采用的是WCDMA制式，技术发展较成熟、覆盖范围较广，跟中国电信和中国移动相比具有一定的优势。2013—2015年，公司在营业收入略有滑坡的情况下，净利润稳步保持在100亿元以上，公司经营情况较为稳定。到了4G时代，由于3G业务的成功，拖缓了转型步伐；同时也由于在拿到FDD牌照后中国联通才进行规模组网，被其他运营商抢占了先机，中国联通错失4G黄金布局时间点。2016年，中国联通仅获得微利。二是中国联通自由现金流处于较低水平，依靠举债进行资本开支。2016年，721亿元的资本开支已经无法靠中国联通的经营活动支撑，只能不断举债，公司的资产负债率达到创历史纪录的63%，流动负债为3416亿元，同样创下历史新高。在“提速降费”的政策大背景下，2016—2017年，公司同样表现不佳，业绩惨淡。三是中国联通的人才流失现象较为严重，其高管离职跳槽的案例在虚拟运营商挖人潮中屡见不鲜，其中包括中国联通电子商务事业部副总经理宋某某和中国联通集团副总经理李某离职。

面对严峻的市场竞争压力，中国联通进行改革的动机极为强烈。

（二）混合所有制改革的方案与细节

中国联通混合所有制改革模式可以表述为“定向增发、转让旧股与公司治理结构和机制的转变”。

“定向增发和转让旧股”主要是将部分公司股权释放给其他国有资本和非国有资本，同时积极引入境内投资者，降低国有股权所占比例，以市场化为导向健全企业制度和公司治理机制。2017 年 8 月 16 日，中国联通的子公司联通运营公司在北京分别与腾讯、百度、阿里巴巴、京东等合作方以书面方式签署了战略合作框架协议。在股权结构设计上，本次混合所有制改革前，公司总股本约为 211.97 亿股。在本次混合所有制改革过程中，战略投资者向中国联通 A 股认购 90.4 亿股新股，并向联通集团公司购入 19 亿股联通 A 股公司股票，旧股新股同价为 6.83 元/股；向核心员工授予 8.5 亿股限制性股票，价格为 3.79 元/股；总交易对价 779 亿元。上述交易全部完成后，联通集团合计持有公司约 37.7% 的股份；中国人寿、腾讯信达、百度鹏寰、京东三弘、阿里创投、苏宁云商、光启互联、淮海方舟、兴全基金和中国国有企业结构调整基金 10 家战略投资者合计持有公司约 35.2% 的股份（见表 5 - 4）。

表 5 - 4　2016 年、2017 年中国联通年报前十大股东

2016 年年报前十大股东	持股数量占总股本比重（%）	2017 年年报前十大股东	持股数量占总股本比重（%）
中国联合网络通信集团有限公司	62.74	中国联合网络通信集团有限公司	37.70
中央汇金资产管理有限责任公司	1.36	中国人寿保险股份有限公司 - 传统 - 普通保险产品 - 005L - CT001 沪	10.60
中国证券金融股份有限公司	0.95	中国国有企业结构调整基金股份有限公司	6.30
博时基金、易方达基金、大成基金、嘉实基金、广发基金、中欧基金、华夏基金、银华基金、南方基金、工银瑞信基金	6.30（分别持有 0.63）	深圳市腾讯信达有限合伙企业（有限合伙）	5.30

（续表 5－4）

2016 年年报 前十大股东	持股数量占总股本比重（%）	2017 年年报 前十大股东	持股数量占总股本比重（%）
北京凤山投资有限责任公司	0.51	嘉兴小度投资管理有限公司－宁波梅山保税港区百度鹏寰投资合伙企业（有限合伙）	3.40
北京坤藤投资有限责任公司	0.47	宿迁京东三弘企业管理中心（有限合伙）	2.40
王素芳	0.41	杭州阿里创业投资有限公司	2.10
齐齐哈尔市中正房地产开发有限公司	0.37	苏宁易购集团股份有限公司	1.90
中国工商银行－上证 50 交易型开放式指数证券投资基金	0.30	前海方舟资产管理有限公司－深圳淮海方舟信息产业股权投资基金（有限合伙）	1.90
中国农业银行股份有限公司－富国中证国有企业改革指数分级证券投资基金	0.28	深圳光启互联技术投资合伙企业（有限合伙）	1.90
合计	73.69	合计	73.50

数据来源：中国联通 2016 年、2017 年年报。

本次混合所有制改革募集资金将主要用于 4G 及 5G 相关业务和创新业务建设，加快推进公司战略转型。中国联通的战略投资者既包括阿里巴巴、腾讯、百度、京东四家国内最具实力的互联网企业，也包括苏宁、滴滴、网宿科技、用友、宜通世纪等垂直行业领军企业，还包括中国人寿、中国中车等实力雄厚的金融企业及产业集团。中国联通将利用自身的网络设施资源及渠道体系，与战略投资者在零售、渠道、家庭互联网、支付金融、云计算、大数据、物联网等领域展开深入合作，促进资源共享、业务协同和优势互补，构建利益共同体，谋求互利共赢。例如，中国联通与腾讯的合资企业云景文旅科技有限公司专注于科技、文化和旅游业，赢得了全国多个省份的项目竞标。智慧足迹数据科技有限公司[①]整合了京东的能力和资源，专注于“人口＋”，打通“人－物－企业”，成为中国首个在规划和统计领域提供人口大数据服务的供应商。与阿里巴巴合资成立的云粒智慧公司专注于政府事务、生态和环保的互联网市场。中国联通还与百度和中国人寿分别合作成立了5G联合实验室和数字保险联合实验室。不仅如此，中国联通还与阿里巴巴、京东、苏宁进行新零售门店试点，在打造智慧生活体验店的基础上建立中国联通新零售体系。

在公司治理结构及机制设计上，中国联通通过本次混合所有制改革形成多元化董事会和经理层，以及权责对等、协调运转、有效制衡的混合所有制公司治理机制，坚持同股同权，依法保护各类股东产权，让参与进来的国有资本和非国有资本有话语权。具体做法如下。

1．优化董事会组成结构，落实董事会职权

公司拟在合法合规的前提下，结合战略投资者的情况等，适当引入新的国有股东和非国有股东代表担任公司董事，进一步优化多元董事会组成结构。明确董事会在公司的核心地位，落实董事会重大决策权、选人用人权、薪酬分配权等权力，认真履行决策把关、内部管理、防范风险、深化改革等职责，接受股东大会、监事会的监督。

2．加强经理层建设，探索市场化管理

探索经理层市场化选聘机制和市场化管理机制，实行任期制和契约化管理。对符合政策要求的高级管理人员探索实行中长期激励机制，并建立与激励机制相配套的约束机制。

3．建立员工与企业利益共享、风险共担的市场化机制

以市场化为核心，紧扣资源配置、活力激发、人才发展三大改革主题，推动人力资源变革，用创新机制激发活力、凝聚合力，建立员工与企业利益共享、风险共担的市场化机制，实现“岗位能上能下、员工能进能出、收入能增能减”，维护好员工的基本权益，促进公司发展。同时，打造核心人才体系，促进专业结构转型。

4．建立股权激励机制，努力实现股东、公司、员工利益一致

在混合所有制改革过程中，拟同步建立限制性股票等员工激励计划，吸引和留住高素质员工，努力实现股东、公司、员工利益一致。2018年2

---

① 智慧足迹数据科技有限公司是由中国联通控股的专业大数据公司。

月11日，中国联通发布《关于公司限制性股票激励计划（草案修订稿）》及《关于公司限制性股票计划首期授予方案（草案修订稿）》等一系列相关公告。中国联通此次股权激励计划首期拟向激励对象以3.79元/股授予不超过8.4亿股的限制性股票，约占当前公司股本总额的2.8%，其中计划预留4485.6万股，占本次授予总量的5.3%，占当前公司股本总额的0.1%。激励对象为核心员工，拟包括公司董事、高级管理人员以及对经营业绩和持续发展有直接影响的管理人员和技术骨干等，根据核心员工对经营业绩的贡献实现差异化分配。具体的限制性股权激励解锁方案见表5－5。

表5－5　中国联通限制性股权激励解锁方案

指标	时期		
	第一个解锁期	第二个解锁期	第三个解锁期
主营业务收入	2018年度主营业务收入较2017年度主营业务收入基准的增长率不低于4.4%，较2017年度主营业务收入的增长率不低于同行业企业平均水平	2019年度主营业务收入较2017年度主营业务收入基准的增长率不低于11.7%，较2018年度主营业务收入的增长率不低于同行业企业平均水平	2020年度主营业务收入较2017年度主营业务收入基准的增长率不低于20.9%，较2019年度主营业务收入的增长率不低于同行业企业平均水平
利润总额	2018年度利润总额较2017年度利润总额基准的增长率不低于65.4%，较2017年度利润总额的增长率不低于同行业企业75分位水平	2019年度利润总额较2017年度利润总额基准的增长率不低于224.8%，较2018年度利润总额的增长率不低于同行业企业75分位水平	2020年度利润总额较2017年度利润总额基准的增长率不低于378.2%，较2019年度利润总额的增长率不低于同行业企业75分位水平
净资产收益率	2018年度净资产收益率不低于2.0%	2019年度净资产收益率不低于3.9%	2020年度净资产收益率不低于5.4%

资料来源：中国联通非公开发行A股股票预案及限制性股票激励计划。

5. 以业绩为导向，优化薪酬内部分配机制和约束机制

建立与经济效益和劳动力市场价位相联系的工资总额决定和调节机制，改革员工考核和激励机制，科学设置公司业绩指标和个人绩效指标，推动组织、专业线、团队和员工目标协同，利益一致。优化员工绩效管理体系，建立管理人员和员工竞争退出机制。

三、混合所有制改革的绩效

中国联通2016年营业收入增长率、净利润增长率、净资产增长率三个体现公司发展能力的指标均为负数，而在2017年实施混合所有制改革后，三个指标均有所增长。其中净利润增长率的增长幅度最大，由2016年的-95.56%增长到2019年的22.09%，特别是在2017年末引入战略投资者、实施股权激励机制后，净利润增长率连续两年实现突破性增长（见表5-6）。

表5-6　2016—2019年中国联通发展能力指标

指标	时间（年份）			
	2016	2017	2018	2019
营业收入增长率（%）	-1.03	0.23	5.84	-0.12
净利润增长率（%）	-95.56	176.39	858.28	22.09
净资产增长率（%）	-1.51	33.19	3.23	2.07

数据来源：中国联通公司年报。

在改革前，中国联通的净资产收益率、营业利润率和总资产收益率的增长趋势相对缓慢。2016—2019年，中国联通净资产收益率、营业利润率和总资产收益率均稳步增长，盈利能力明显提升（见表5-7）。盈利能力的提升得益于中国联通在2017年引入民营战略投资者之后执行了由市场需求驱动的倒三角服务支撑体系，客户需求可以得到快速满足（何洁莹，2020）。因此，根据中国联通的社会责任报告，用户综合满意度从2016年度的77.5分逐步上升到2018年的81.11分。

表 5－7　2016—2019 年中国联通盈利能力指标

指标	时间（年份）			
	2016	2017	2018	2019
净资产收益率（%）	0.20	0.49	2.86	3.45
营业利润率（%）	－0.23	0.55	4.10	4.63
总资产收益率（%）	0.08	0.28	1.67	2.04

数据来源：中国联通公司年报。

2016 年，中国联通的资产负债率处于历史高位，为 62.57%，在混合所有制改革之前，公司偿债能力不理想，而这一指标在混合所有制改革后稳步下降（见表 5－8）。2016—2018 年，中国联通流动比率和速动比率虽然有所上升，但都小于 1，说明中国联通的短期偿债能力相对较弱。而在混合所有制改革后，企业资产负债率大幅下降，2018 年速动比率和流动比率都达到了最高值，企业偿债能力有明显增强。

表 5－8　2016—2019 年中国联通偿债能力指标

指标	时间（年份）			
	2016	2017	2018	2019
流动比率	0.24	0.32	0.36	0.40
速动比率	0.23	0.31	0.34	0.39
资产负债率（%）	62.57	46.48	41.5	42.67

数据来源：中国联通公司年报。

无论是总资产周转率、存货周转率，还是流动资产周转率，在混合所有制改革之后都呈现总体上升的趋势，说明应收账款的收现期由长变短，应收账款运营能力有所好转（见表 5－9）。本次混合所有制改革通过非公开发行以及旧股转让引入四类战略投资者：互联网公司、垂直行业公司、金融企业产业集团和产业基金。这一举措既能够通过定向增发引入资金，又可以改善公司的业务结构，从而保障稳定的现金流。

表5-9　2016—2019年中国联通运营能力指标

指标	时间（年份）			
	2016	2017	2018	2019
总资产周转率	0.45	0.46	0.52	0.53
存货周转率	66.36	88.64	92.32	90.21
流动资产周转率	3.86	3.46	3.81	3.64

数据来源：中国联通公司年报。

重组后，中国联通积极加强移动业务的差异化运营，2018年上半年净增2823万户4G用户，共2.3亿户；4G用户的市场份额同比增长近3个百分点；4G用户占移动用户的67%以上，同比增长约16个百分点。通过混合改革引入战略投资者，中国联通2I2C[①]业务增长迅速，用户总数达到7700万户。中国联通2I2C的差异化体制优势源于混合所有制改革，阿里巴巴、腾讯等股东力量是2I2C业务发展的基础。中国联通分析了解了广大用户的需求点，迅速建立了市场口碑，吸引了年轻消费群体，特别是通过整合腾讯、滴滴等合作伙伴的资源，开发了内容融合式的流量产品。相关数据显示，2018年上半年中国联通手机用户月平均数据流量同比增长2.2倍；手机上网收入同比增长25%，达到534亿元。中国联通新兴业务保持快速增长，产业互联网业务收入达17亿元，同比增长39%，其中云计算收入同比增长39%。由于创新业务的快速增长，公司固定网络业务减少，但固定网络服务收入也达到了491亿元，同比增长5.5%。

四、案例启示

作为第一批混合所有制改革试点中唯一一家在集团层面整体进行混合所有制改革的企业以及“基础电信运营商+互联网领军企业”模式的探索者，中国联通的混合所有制改革措施可以为竞争性国有企业混合所有制改革带来以下三点启发。

---

① 2I2C（To Internet To Customer），此业务由中国联通首创，聚焦年轻的互联网用户，与知名互联网企业深度合作，以流量经营为特色，物美价廉，满足用户个性化需求，如腾讯王卡、蚂蚁宝卡、滴滴王卡等。

（1）在竞争性国有企业的混合所有制改革中引入战略投资者时要将能否促进优势互补、形成协同合作作为主要考虑因素之一。2017 年 8 月，中国联通启动混合所有制改革，引入包括阿里巴巴、百度、腾讯等在内的互联网巨头，以及网宿科技、用友等软件服务商共计 10 余家战略投资者，中国联通将其在网络、客户、数据、营销服务及产业链的影响力等方面的资源和优势与战略投资者的机制优势、创新业务优势相结合，同时在云计算、大数据等创新业务领域加强合作。2017 年，中国联通的营收和利润开始转好，到 2018 年净利润剧增 4 倍，冲破了经营困境。

（2）竞争性国有企业的经营强调效率，产权明晰是保证经营效率的前提之一，混合所有制改革触及产权关系的根本问题。国有企业经营效率较低的根源在于产权关系不明晰，在混改中明晰其产权关系，进而促进国企的治理机制与经营机制实现现代化和市场化，可以改善其基本面并提高其市场竞争力。中国联通引入战略投资者及员工股东，建立了有效的法人治理结构，形成制衡机制。实行混合所有制改革后，中国联通的持股比例由原来的 62.7% 降低至 37.7%，此外员工持股 2.7%，公众股东持股 25.4%，10 家战略投资者合计持股比例约 35.2%，国有股由绝对控股地位变为相对控股地位，形成了多元化的股权结构。多元化的股权结构有助于加强对国有大股东行为的监督，实现股东之间的相互制衡。在董事会层面，非国有股东加入董事会有助于提高决策的科学性。从混合所有制改革后中国联通董事会的人数比例上来看，国有和民营呈对半局面。中国联通委派的董事人数仅 3 名，没有超过半数，对中国联通来说是丧失了决策控制权。战略投资者在董事会中获得一席之位，可以有效地监督公司管理者并建言献策，对企业经营过程中出现的信息不对称问题有一定的缓解作用，有助于企业经营管理稳定发展，提升了企业的决策效率。

（3）竞争性国有企业要想实现国有资产的保值增值，就必须充分激励员工尤其是高管为企业创造价值。中国联通建立了个性化、有效的股权激励机制。在混合所有制改革前，中国联通缺乏适合的、有效的激励机制。中国联通通过股权激励使得公司、股东及员工之间形成利益约束机制，调动了员工的工作积极性，有效地防止了专业人才的流失，改善了中国联通的经营状况。中国联通与以往实施股权激励的案例有很大的不同。在高新技术行业领域，以前只对高层管理人员进行股权激励。而中国联通把一定的股权比例授予核心员工和技术人员，提高了企业经营效率（曾星星，

2020)。从行权条件上来看，中国联通的限制性股票激励计划将分三期进行解锁，解锁指标包括主营业务收入增速、利润总额增速、净资产收益率三个主要方面，考核指标也较为全面。

第三节　云南白药：“反向吸并、整体上市”独特混合所有制改革路径

一、整体背景

云南白药是历史悠久的民族医药品牌，创制于1902年，并于1993年在深圳证券交易所上市，是云南首家上市公司。云南白药控股有限公司（以下简称“云南白药控股”）为控股股东，持股41.52%，云南省国有资产监督管理委员会（以下简称“云南省国资委”）为实际控制人，持股100%（见图5－4）。2011年，公司确立“新白药，大健康”的发展战略，主营业务分为药品、中药资源、健康产品和医药物流四大板块，目前已经形成以健康产品和药品为主，医药商业、中药资源协同发展的格局。此外，公司核心管理团队稳定，以董事长王明辉为核心的管理层在职期间，销售收入增长了近200倍。公司被胡润排行榜、福布斯排行榜等评选为中国医药品牌价值第一名，被国家市场监督管理总局评为中国品牌100强，被福布斯排行榜评为世界最佳雇主500强，品牌力位于国内医药行业的第一梯队。

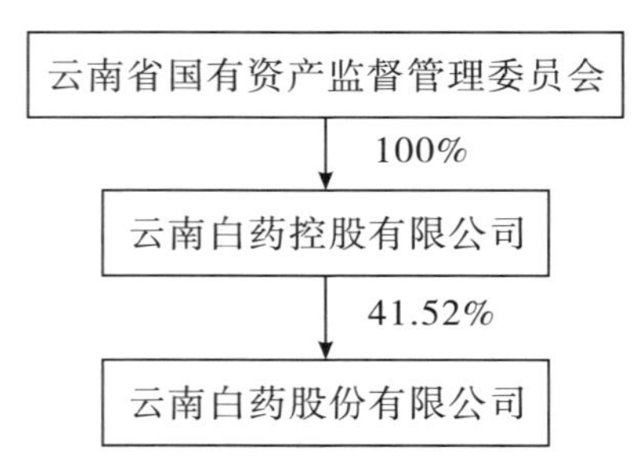

图5－4　云南白药混合所有制改革前股权结构

资料来源：云南白药2015年年报。

历史上，云南白药长期是由云南省国资委实际控制的国有企业，在混合所有制改革之后，公司全面转型为新型混合所有制企业。2016 年，云南白药在控股层面以增资扩股的方式实施混合所有制改革，吸收了新华都实业股份有限公司（以下简称“新华都”）和江苏鱼跃科技股份有限公司（以下简称“江苏鱼跃”）共计 200 多亿民营资本。2019 年 4 月，经证监会核准，由云南白药股份有限公司吸收合并云南白药控股有限公司，实现整体上市。其独特的“反向吸并、整体上市”混合所有制改革路径，也是云南白药混合所有制改革备受瞩目的重要原因。

本案例涉及的企业除云南白药以外，还有新华都与江苏鱼跃两家企业。新华都成立于 1997 年，陈发树为实际控制人，主营百货、超市等，是一家民营零售企业。除此之外，新华都还投资了旅游业、矿业、房地产和工程等行业。近年来，随着云南白药市场逐渐扩大，旗下的健康产品缺少零售的途径和经验，新华都可以在零售方面为云南白药提供优质资源，帮其拓宽销售渠道。江苏鱼跃成立于 1998 年，主营医疗器械和互联网医疗，属于生命健康领域。该公司致力于打造大健康生态圈，组建专业化医疗服务平台，把握科技发展趋势，同时积极联动数字云技术，实现大数据延伸，为患者提供云端医疗服务，建立现代化医疗模式，着力打造“智慧鱼跃”。江苏鱼跃在混合所有制改革方面经验丰富，并于 2014 年参与万东医疗改革，在混合所有制改革方面能够为云南白药混合所有制改革提供经验，创造协同效应。

二、混合所有制改革情况

（一）混合所有制改革动因

云南白药的混合所有制改革是国有经济结构调整和国有经济布局调整的需要。2014 年 4 月 17 日，云南在全国率先出台了《关于全面深化国有企业改革的意见》，全省全面启动深化国有企业改革，这份文件也成为云南国有企业改革的“作战图”。2015 年 9 月，中共中央、国务院印发《关于深化国有企业改革的指导意见》，全面提出了新时期国有企业改革的目标任务和重大举措，省级国有企业成为新一轮释放改革潜力的重点。2016 年 1 月，云南省委、省政府出台了《关于进一步优化国有经济布局结构的指导意见》《关于推进国有企业完善现代企业制度的实施意见》《关于国有企业发展混合所有制经济的实施意见》等7个配套文件，形成了指导全省国有资产国有企业改革的“1+N”政策体系。此后，云南省不断推进国有企业混合所有制改革，尤其是在比较优势和资源禀赋的医药生物和旅游文化领域。作为云南省优质国有资产，云南白药被市场寄予混合所有制改革预期。在大力发展混合所有制经济，全面推进国有股权开放性市场化重组的背景下，云南省委、省政府决定以云南白药控股为试点，积极稳妥地推进混合所有制改革，推动云南白药控股做强、做优、做大。

现有国有企业管理体制机制严重制约了国有企业的生产力，导致国有企业活力严重不足，效率普遍不高。当时，医药行业正处于从大工业产品、大工业制造企业向服务型产品、服务型企业转变，从大批量同质化产品向个性化消费转变的转型升级期，加快推进医药产业转型升级、推动发展就显得十分迫切。云南白药是家喻户晓的品牌，也是云南省第一家上市的国有企业。但受我国医疗行业发展整体下行的影响，云南白药的净资产收益率从2013年的28.75%降到2016年的19.96%。云南白药在改革前三年（2014—2016年）的净利润分别为：23.2亿元、25.1亿元、27.7亿元；负债分别为：38.5亿元、50.5亿元、57.6亿元。由于原材料价格提高，成本增加，云南白药虽然净利润逐年增加，但负债也随之增加。

业绩的持续下降，使云南国有资产部门觉得有必要采取措施来维护这个知名品牌。云南白药希望借助混合所有制改革来优化资本结构，实现资本的保值增值。此外，医药行业的市场化程度很高，国有企业的竞争力远不如民营企业，而且很多国有企业的高级管理人员都是通过行政指派聘任，导致企业缺乏活力。与民营医药企业“跑马圈地”式的扩张相比，云南白药的治理水平、决策机制以及激励机制在竞争激烈的医药行业显得守成有余而进取不足。云南白药集团股份有限公司董事长王明辉说：“一是云南省要培育优势产业，省委、省政府认为生物医药产业在云南有独特的优势，亟须通过激活龙头企业把优势产业做大做强。二是云南白药的发展虽然很稳健，但明显遇到了瓶颈，我们的增长曲线和整个生物医药产业大发展的背景不匹配，必须通过改革来激活。”云南白药的资产十分优良，近20年发展成效显著，但要继续发展成为千亿级企业，成为引领云南省生物医药大健康产业发展的现代企业集团，引入更有经营活力的民营资本是必由之路。

（二）方案与细节

第一轮混合所有制改革在母公司云南白药控股层面进行，不会影响云南白药控股对云南白药41.52%的持股比例。在股权和董事会方面，2016年12月28日，云南省国资委、新华都、云南白药控股签署《股权合作协议》，云南省国资委以云南白药控股整体资产作价，开放50%股权引进新华都，新华都向云南白药控股增资254亿元。改制完成后，云南白药控股的股权结构将变更为云南省国资委与新华都各持50%。2017年6月，云南白药控股、新华都再引进江苏鱼跃，三方各自持股45%、45%、10%，并分别向董事会提名2名、2名、1名董事（见图5－5）。此外，云南省国资委与新华都、江苏鱼跃都约定6年内不得采用向第三方转让等方式处置其持有的股权，6年的期限届满后，如需处置，其他股东享有优先购买权。

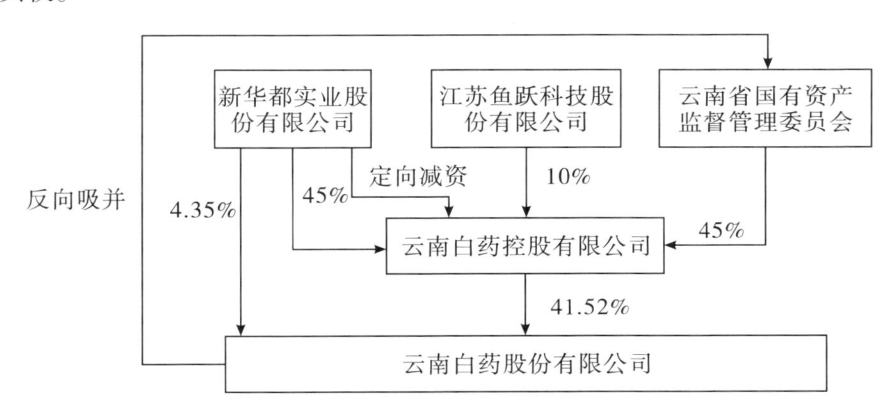

图5－5　云南白药混合所有制改革后股权结构

资料来源：云南白药2019年年报。

云南白药95%以上的经营业务、经营性资源都集中在上市公司，新引入的巨量现金资产却集中在云南白药控股有限公司。管理架构重叠，经营决策受到影响，对新项目的资源整合也不利于协调和平衡，潜在的同业竞争风险也逐渐显现。而第一轮混合所有制改革的目的就是要集中力量和资源做好、做强、做大云南白药，第二轮混合所有制改革由此而生。2018年7月9日，经过多次研究协商，云南白药控股召开董事会，决定启动云南白药整体上市工作。整体上市方案的思路是通过定向增发的方式，由云南白药向云南白药控股股东云南省国资委、新华都、江苏鱼跃发行A股股份，购买其所持云南白药控股股权，从而实现对云南白药控股的吸收合并。2019 年 7 月 3 日，云南白药实现整体上市，向云南省国资委、新华都、江苏鱼跃合计发行 668430196 股股份，吸收合并云南白药控股，同时将云南白药控股持有的 432426597 股股份予以注销。吸收合并后，公司总股本增至 1277403317 股，股权比例为云南省国资委、新华都及其一致行动人均持股 25.14%，云南合和持股 8.17%，中国平安持股 7.63%，江苏鱼跃持股 5.59%。

在经营机制层面，2017 年 4 月 28 日，云南省人民政府公开发布：决定免去王明辉云南白药控股有限公司总裁的职务，不再保留省属国有企业领导人员身份和相关待遇。2017 年 4 月 17 日，云南白药控股已经选举产生了新一届董事、监事，其中，新华都董事总裁陈春花入选董事，紫金矿业前总裁王建华担任董事长。2017 年 4 月 29 日晚，云南白药发布通报：经云南白药控股有限公司董事会审议通过，决定聘任王明辉担任公司总裁兼 CEO。自此，云南白药控股管理层实现了从“行政任命”到“市场选聘”职业经理人的全面转变。经公司股东会、董事会选聘的董事、监事及高级管理人员均遵循市场化原则聘任，不具行政级别，即不再具有公务员或参照公务员管理的人员身份，这样有利于公司建立市场化导向的激励和治理机制。此外，公司将建立健全现代企业制度，规范董事会运作，完善控股决策机制，使公司在完全竞争化的市场环境中快速做出决断，未来公司的资源整合能力有望得到提高。

在本次混合所有制改革方案中，云南省政府划出了 4 条清晰底线：一是战略资本的引进采用“增资扩股”而非“股权转让”方式，且必须以现金出资。这种方式能确保没有国有资产流失的风险，但所需投入的资金量较大，不仅要求民营股东具有强大的资金实力，而且要求其要愿意与云南白药长期合作。二是混合所有制改革主体选择云南白药控股而非上市公司云南白药。云南白药控股是云南白药的控股股东，由云南省国资委 100% 持股。这样做可以直接调整云南省国资委所持股权，不牵涉云南白药其他股东，既降低了风险，也降低了操作难度。三是股权设计上采用无实际控制人模式，即“云南方（A 公司）+B 公司+C 公司”模式，股权比例依次为 45∶45∶10。这一设计的出发点是让民营大股东 B 与国有资本 A 的持股比例保持一致，双方都无法实现单一控股，小股东 C 还可以在企业决策过程中起到制衡作用，最终形成无实际控制人的股权结构。四是管理团队去行政化。改革方案明确云南白药控股混合所有制改革要始终坚持市场化改革方向，通过市场化解决企业体制机制问题。所有董事、监事和高级管理人员全部取消国有企业领导身份，取消行政级别及待遇，由公司按照公司法的相关规定开展市场化的选聘及考核。

云南白药在2016年12月的公告中称，通过混合所有制改革，云南白药控股将引入长期战略合作伙伴，建立更为灵活的体制机制和更加市场化的治理结构，从而使云南白药控股更好地适应市场竞争，为长期可持续发展奠定良好的制度基础。同时，云南白药控股可引入资金实现规模扩张，发展增量业务。本次改革将有利于云南白药控股在此次医药行业转型的窗口期抓住机遇、赢得先机。云南白药年报也称，公司控股股东——云南白药控股有限公司完成了混合所有制改革，为公司体制机制的理顺激活，以及经营发展活力的进一步释放营造了更为宽松有利的环境。

此外，云南白药推行了股权激励计划，于2020年公布首期股票期权激励计划及激励对象，行权价格为80.95元/股，行权条件为2020年、2021年、2022年净资产收益率分别不低于10%、10.5%、11%，且现金分红比例不低于40%。截至2020年底，公司以不超过125元/股的价格完成对部分股份的回购（占总股本的1.31%），用于逐步构建长效激励机制。

三、混合所有制改革绩效

2014—2016年，云南白药的营业收入增长率和净利润增长率均呈下降趋势，2017年的营业收入增长率为8.50%，净利润增长率为6.88%。2017年为营业收入增长率和净利润增长率转折点，2018年营业收入增长率和净利润增长率均上升至11.11%，2019年净利润增长率进一步上升至19.90%。云南白药的净资产增长率从2014年的25.10%连续下降至2017年的14.51%。总体而言，无法看出企业吸收合并后发展能力是否有明显的提升（见表5-10）。

表5-10　2014—2019年云南白药发展能力指标

指标	时间（年份）					
	2014	2015	2016	2017	2018	2019
营业收入增长率（%）	18.97	10.23	8.07	8.50	11.11	9.80

（续表 5 - 10）

指标	时间（年份）					
	2014	2015	2016	2017	2018	2019
净利润增长率（%）	7. 58	10. 34	6. 36	6. 88	11. 11	19. 90
净资产增长率（%）	25. 10	19. 77	17. 12	14. 51	120. 50	- 4. 76

资料来源：云南白药公司年报。

通过考察云南白药的净资产收益率、营业利润率以及总资产净利率可以看出，净资产收益率与总资产净利率在 2014—2018 年一直走低。虽然营业利润率在 2017 年略有上涨，但其他两个指标在刚进行增资扩股的 2017 年年末并没有明显改善，并且这种下降趋势延续到了 2018 年。然而，在云南白药吸收合并完成后的 2019 年，净资产收益率与营业利润率明显上升，这表明在第二轮混合所有制改革后，企业的盈利能力明显进步（见表 5 - 11）。

表 5 - 11　2014—2019 年云南白药盈利能力指标

指标	时间（年份）					
	2014	2015	2016	2017	2018	2019
净资产收益率（%）	22. 41	20. 63	18. 57	17. 44	8. 81	11. 03
营业利润率（%）	15. 04	15. 28	14. 84	14. 89	13. 71	15. 99
总资产净利率（%）	17. 09	15. 47	13. 36	11. 98	8. 53	8. 06

资料来源：云南白药公司年报。

笔者选取了流动比率、速动比率以及资产负债率来了解云南白药在混合所有制改革后的偿债能力。云南白药的流动比率和速动比率在混合所有制改革后略有上升。2019 年，企业的流动比率为 4. 65，速动比率为 3. 43，这说明企业的偿债水平逐渐增强，财务风险较低。资产负债率在混合所有制改革后有明显下降，2019 年仅为 23. 28%，相较 2016 年下降了十几个百分点。一般而言，企业的资产负债率在 40% ～ 60% 较为合适，这表明云南白药可以进一步发挥财务杠杆的作用（见表 5 - 12）。

表 5－12　2014—2019 年云南白药偿债能力指标

指标	时间（年份）					
	2014	2015	2016	2017	2018	2019
流动比率	3. 57	3. 61	3. 28	3. 34	3. 79	4. 65
速动比率	2. 30	2. 41	2. 25	2. 18	2. 94	3. 43
资产负债率（%）	30. 88	29. 87	35. 56	34. 51	25. 84	23. 28

资料来源：云南白药公司年报。

笔者选取总资产周转率、存货周转率以及流动资产周转率作为考察云南白药在第一轮、第二轮混合所有制改革后运营能力的指标。2014—2019年，三个指标均持续下降，在混合所有制改革后的 2017 年和 2019 年也没有改善。在 2019 年，企业的流动资产周转率为 0. 63，总资产周转率仅为0. 57。企业内部管理效率偏低，销售能力减弱，其运营能力在混合所有制改革后并没有好转（见表 5－13）。

表 5－13　2014—2019 年云南白药运营能力指标

指标	时间（年）					
	2014	2015	2016	2017	2018	2019
总资产周转率	1. 29	1. 16	1. 02	0. 93	0. 66	0. 57
存货周转率	2. 70	2. 72	2. 51	2. 15	1. 89	1. 86
流动资产周转率	1. 51	1. 34	1. 15	1. 03	0. 73	0. 63

资料来源：云南白药公司年报。

截至 2019 年末，云南白药的财务绩效不尽如人意，但我们应该关注混合所有制改革的长期效应。引入市场化的战略投资者对云南白药有益，云南白药可借助新华都的商超渠道拓展销售渠道、对接下游市场，以获得更快的、可持续的发展。混合所有制改革引入的资金可以同时帮助公司实现规模扩张，发展增量业务，使公司通过外延并购方式实现跨越式发展。此外，2020 年，云南白药公布了首批股权激励方案，将进一步改善企业的治理结构，激发员工的工作积极性。

四、案例启示

云南白药作为我国竞争性国有企业混合所有制改革的先行企业，其混合所有制改革措施可以为将来深化竞争性国有企业混合所有制改革带来以下三点启示。

（1）竞争性国有企业想要通过混合所有制改革提升经营决策效率，需要缩短企业的决策链条。云南白药从国有股一股独大，变为无实际控制人，股东相互制衡，不再保留国有企业的级别和待遇，从而率先实施职业经理人的制度。公司的重大决策在原来的体系下往往需要层层审批，尤其是并购融资等项目，过长的决策流程和审批的不确定性可能影响公司外延战略的拓展和有效的资本配置。然而，混合所有制改革完成后，公司变更为无实际控制人的企业，决策机制无须报国资委审批，这使得公司能够在完全竞争的市场环境中迅速做出决策。混合所有制改革后，公司的董事、监事和高管都按照市场化原则聘任，采用市场化薪酬，不再保留国有企业的行政级别。这样一来，在应对瞬息万变的市场竞争时，国有企业运行的交易成本降低，决策效率提高，改善了国有企业的治理效率。

（2）竞争性国有企业想要通过混合所有制改革提升经营决策效率，需要清晰简单的股权结构。云南白药的混合所有制改革采取两步走的策略，即先从集团这个主体出发进行混合所有制改革，再由上市公司发行股份与云南白药控股的股东进行换股。第二轮混合所有制改革的模式，即先进行定向减资，再反向吸并。新华都及其一致行动人在混合所有制改革前已经直接持有了上市公司4.35%的股份。所以如果上市公司按照云南白药控股的三家股东45∶45∶10的股权比例进行放股，那么陈发树对于上市公司的持股比例就会高于国资委，成为第一大股东，这将会打破无实际控制人的抗衡局面。最终经过协商，陈发树选择在云南白药控股层面退出一部分股份。这关键的第二轮混合所有制改革解决了上市公司经营，而资本却在控股公司的困境，实现了陈发树的资本运营能力与王明辉在医药产业深耕经验的有机结合，进一步优化了企业的管理架构，提升了企业的经营决策效率。

（3）竞争性国有企业想要通过混合所有制改革提升经营决策效率，需要巧妙设计以实现“管资本”与委托代理问题二者间的平衡。云南白药混合所有制改革案例为实现“管资本”目标提供了一种国有企业改革思路，有助于打破国有企业决策链条过长的“痛点”，实行更加彻底的法人治理模式，提高企业的市场化反应速度，从而大大提升企业经营效率。国资委保持大股东地位，从“管人、管事、管资产”过渡到“管资本”，有利于国有资产监管部门在充分发挥监管职能的同时，激发战略投资者的积极性和主动性，共谋企业改革发展。2018 年，中央经济工作会议指出，要加快国有资产国有企业改革，坚持政企分开、政资分开和公平竞争原则，做强、做优、做大国有资本，加快实现从“管企业”向“管资本”转变。竞争性国有企业应该如何实现从“管人、管事、管企业”向“管资本”的转变，较为常见的做法是引入资本投资运营公司。国资委成立国有独资的资本投资运营公司，资本投资运营公司将与通过混合所有制改革引入经营实体的战略投资一起，共同以股东的身份参与公司的相关治理。但这使得国资委托代理链条被进一步拉长，层级从原来的至少三级变为目前的至少四级。如果原来国资委是通过全资控股的控股集团公司间接持有上市子公司的股票，那么现在是国资委首先全资控股国有资本投资运营公司，投资运营公司再持股原来的控股集团公司，然后再由控股集团公司持股上市子公司。而委托代理链条延长以及由此引发的所有者缺位问题长期为人诟病。在云南白药吸收合并控股母公司云南白药控股实现整体上市后，云南白药控股结构链条从原来的三级变为目前的两级，从而进一步减少了管理层级，降低了治理成本和提高了经营效率，同时也能够缓解控股集团公司和上市子公司之间的同业竞争问题。

从混合所有制改革模式来看，云南白药的混合所有制改革不论从规模、推进速度，还是从审批效率等方面来看，都可以看作我国地方竞争性国有企业混合所有制改革的标杆。对于其他准备推行或者正在推行混合所有制改革的地方竞争性国有企业来说，具有一定的借鉴意义。

第四节　招商蛇口：全产业链视角的战略资源整合与企业转型

一、公司简介

本节介绍2015年招商蛇口吸收合并招商地产并整体完成上市的相关情况。其中，招商地产与招商蛇口均为招商局集团旗下企业。招商局集团（以下简称“招商局”）是中央直接管理的国有重要骨干企业，总部位于香港，创立于1872年洋务运动时期，是最早在香港成立运营的中资企业之一。招商局是中国近代第一家股份制公司，在中国近现代经济史和社会发展史上具有重要地位。企业于1978年即投身改革开放，并于1979年开始独资开发了在海内外产生广泛影响的中国第一个对外开放的工业区——蛇口工业区。目前，集团业务主要集中在综合交通、特色金融、城市与园区综合开发运营三大核心产业上，并正实现由三大主业向实业经营、金融服务、投资与资本运营三大平台的转变。2020年，招商局各项经济指标再创新高：实现营业收入8148亿元，同比增长14.1%；利润总额1754亿元，同比增长7.6%；净利润1373亿元，同比增长8.5%。截至2020年底，招商局总资产达到10.4万亿元，其中资产总额和净利润蝉联央企第一。

招商蛇口创立于1979年，是招商局成立的蛇口工业区建设指挥部，是城市综合开发运营板块的旗舰企业。1992年2月，蛇口工业区建设指挥部改制成为全民所有制的招商局蛇口工业区有限公司。1998年7月，公司引入招商局轮船为股东，并采取增资增股方式改组并规范企业性质为有限责任公司，此时公司总股本为22.36亿股。40多年前建设开发运营的深圳蛇口片区是中国改革开放的发源地，被称为“特区中的特区”，为中国经济发展做出了重要的历史贡献，孵化并培育了以招商银行、平安保险、中集集团、招商港口等为代表的一批知名企业。立足于蛇口工业区，招商蛇口具备极强的资源整合和运用能力、土地开发与运营能力，在全国范围内开展了多个大型精品项目。

招商地产成立于 1984 年，是中国最早的房地产上市公司之一。1993 年 2 月，公司以募集设立方式向境内公开发行 A 股股票 2700 万股、向境外公开发行 B 股股票 5000 万股，发行后本公司股份总额达到 2.1 亿股，于 1993 年 6 月在中国深圳证券交易所上市。招商地产背靠大型央企招商局，母公司为招商蛇口。2015 年 12 月 30 日，招商蛇口吸收合并招商地产实现无先例重组上市，打造了国有企业改革的典范和中国资本市场创新标杆。

二、混合所有制改革情况

（一）混合所有制改革动因

在房地产“黄金时代”，招商地产曾与保利、万科、金地并称为“万招保金”，处于行业第一梯队。在房地产“白银时代”，招商地产被甩出第一梯队。原因有三点：其一，周期波动与行业竞争的压力；其二，白银时代一、二线城市土地价格节节攀升；其三，招商地产与集团业务协同受阻。从整个地产行业看，随着传统房地产纯开发走到供需平衡拐点，行业利润率逐渐下降至个位数。根据 2014 年国家统计局的数据，当年房地产行业全年产值为 38167 亿元，同比仅增长 2.3%，远远低于国民经济 7.4% 的增速。2009—2014 年，招商地产年净利率分别为 17.31%、18.02%、21.92%、16.91% 和 12.7%。可以看出，2014 年招商地产净利率跌至这几年历史新低。对于行业竞争，房地产集中度进一步提升，房企规模分化格局凸显。此外，在土地成本逐年提高的情况下，公司经营净现金流会被“吞噬”。2009—2014 年，招商地产累计经营活动净现金流为负。对于部分年份经营性净现金流为负，公司解释为主要由拿地造成。招商地产曾期望通过注资从集团拿地，但由于地块交易价格半年就上涨一倍多，投资者以利益倾斜为由拒绝该方案，这就出现了内部协同困境。此时，与招商蛇口合并的好处就凸显出来，一方面通过集团“输入”低成本土地，使得公司存量地产业务具有竞争优势；另一方面通过合并提升非传统地产业务，使得公司业务多元化，从而在增量上可以对冲传统地产的周期波动。

2014 年 12 月，国务院决定将深圳前海蛇口片区纳入广东自贸区。招商蛇口当时是前海蛇口自贸区最大的企业建设主体，在前海和蛇口拥有超过 4 平方千米的土地使用权。招商蛇口当时已然是前海蛇口自贸区数一数二的企业，在区域有待开发的情况下，可以借助招商地产弥补自身控股开发能力的不足。与招商地产合并后，招商蛇口可以获得巨大的低成本拿地优势。这些优势主要体现在两方面：其一，园区自身持有的低成本土储；其二，通过并入集团体外培养的成熟项目，节省前期巨大的开发成本。因此，吸收合并、整体上市是上述问题的优质解决方案，可以有效解决两者之间的同业竞争和关联交易问题。

（二）方案与细节

本次混合所有制改革推进效率高。2015 年 9 月 18 日，招商地产在停牌 5 个多月后，发布了重大资产重组方案，10 月 9 日通过了股东大会决议，并于 2015 年 12 月 30 日在深圳证券交易所挂牌上市。从改制到上市的整套流程仅耗时 8 个月，但方案却十分复杂，包括 B 股转 A 股、换股吸收合并、定向增发、员工持股计划。虽然每一项在 A 股市场上都不是第一次，但是将这些项目组合在一起的复杂程度仍不容小觑，而且并购涉及的资产规模非常大。

方案具体流程可划分为两个步骤：①招商蛇口发行 A 股股份通过换股吸收合并招商地产，招商地产的股份包括 A 股和 B 股。②向 8 名特定对象发行股票募集配套资金，发行价格与换股价格一致。

换股吸收合并的方案将原上市公司招商地产的股东分为两类——招商局集团关联股东和招商局集团非关联中小股东，通过招商蛇口发行股份换股吸收合并招商地产。这里的关联股东指招商蛇口（新上市主体）及其全资子公司达峰国际、招商局蛇口控股间接控制的境外全资子公司等。招商局蛇口控股直接及间接持有的股票不参与换股，也不行使现金选择权，将在本次换股吸收合并完成后予以注销。而针对非关联公司，招商蛇口发行 19.02 亿股，用于吸收合并招商地产/招商局 B 股及新加坡上市的股份，并给予异议股东现金选择权，无异议股东则以换股价将持有的招商地产和招商局 B 股的股份换成招商蛇口的 A 股股份，该步骤不涉及现金交易。

换股价格定价过程如下：以定价基准日前 120 个交易日招商地产 A 股股票交易均价 21.92 元/股为基础乘以溢价率 73.81%，经除息调整后，招商地产 A 股股东的换股价格为 37.78 元/股；以定价基准日前 120 个交易日招商地产 B 股股票交易均价 18.06 港元/股（折合 14.30 元/股）为基础乘以溢价率 102.71%，除息调整后，招商地产 B 股股东的换股价格折合人民币 28.67 元/股（见表 5－14）。根据"换股比例＝招商地产 A 或 B 股换股价÷招商蛇口股票发行价"的公式计算，招商地产 A 股的换股比例为 1∶1.6008，即每 1 股招商地产 A 股股票可以换得 1.6008 股招商蛇口 A 股股票；B 股的换股比例为 1∶1.2148。换股完成后，招商地产的非关联中小股东将持有招商蛇口 19.02 亿股。

表 5－14　招商蛇口整体上市 A、B 股换股价格

	定价基准日前 120 个交易日的股票交易均价(元/股)	换股溢价率（%）	换股价格（元/股）	2014 年利润分配方案（元/股）	除息后换股价格（元/股）
A 股	21.92	73.81	38.10	0.32	37.78
B 股	14.30	102.71	28.99	0.32	28.67

资料来源：招商地产换股吸收合并本公司的换股实施公告。

现金选择权的行权价格定价过程如下：招商地产 A 股现金选择权提供方为招商局轮船，行权价格为 24.11 元/股，较该股定价基准日前 120 个交易日的股票交易均价为 21.92 元/股溢价率为 9.99%；招商地产 B 股现金选择权的行权价格为 19.87 港元/股，较该股定价基准日前 120 个交易日的股票交易均价 18.06 港元/股溢价率为 10.02%。经分红派息调整，上述现金选择权行使价分别为 23.79 元/股和 19.46 港元/股（见表 5－15）。

表 5－15　招商蛇口整体上市 A、B 股现金选择权定价

	定价基准日前 120 个交易日的股票交易均价	溢价率（%）	现金选择权行权价格	2014 年利润分配方案	除息后现金选择权行权价格	现金选择权提供方
A 股（元/股）	21.92	9.99	24.11	0.32	23.79	招商局轮船

（续表5－15）

	定价基准日前120个交易日的股票交易均价	溢价率（%）	现金选择权行权价格	2014年利润分配方案	除息后现金选择权行权价格	现金选择权提供方
B股（港元/股）	18.06	10.02	19.87	0.40	19.46	招商局集团（香港）

资料来源：招商蛇口发行A股股份换股吸收合并上市公告书。

混合所有制改革第一步完成后，招商地产退市并注销法人资格（见图5－6），并且招商蛇口申请在深圳证券交易所上市。

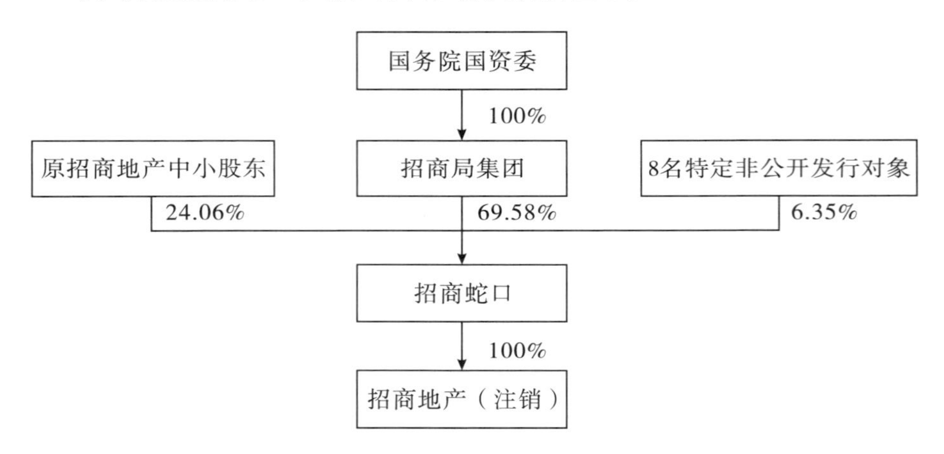

图5－6　混合所有制改革完成后招商蛇口股权结构

资料来源：Wind。

混合所有制改革的第二步是招商蛇口向8名特定对象发行股票募集配套资金，该股票为自上市之日起三年的有限售条件流通A股股份，募集资金总额合计1185416.49万元，发行价格与招商蛇口的换股发行股份价格每股人民币23.60元一致。此外，为充分保障招商地产换股股东的利益，避免招商蛇口上市后股价的非理性波动，招商局集团公告承诺若招商蛇口上市之日起3个交易日内任一交易日的A股股票收盘价低于发行价格，则集团将在该3个交易日内投入累计不超过人民币30亿元的资金进行增持，且在增持完成后的6个月内不出售所增持股份。为保护中小投资者利益，招商局集团还与招商蛇口签订了《盈利预测补偿协议》，若实现的扣除非经常损益后归属于母公司所有者的净利润低于预测净利润，招商局集团将补充差额。配套再融资完成后，原招商地产的非关联中小股东将持有招商蛇口19.02亿股，占比23.98%；8名特定对象机构持有5.2966亿股，占比6.68%；招商局集团及关联方持股55亿股，占比69.34%。

在募集资金的8名特定对象中，包含“招商局蛇口工业区控股股份有限公司员工持股计划”，参加的对象为公司的部分董事、部分监事、高级管理人员、核心骨干共计2585人，认购数量为28336798股，占公司总股本的0.36%，认购金额为66874.84万元。其中“董监高”及核心骨干认购份额占5.16%，核心员工认购份额占94.82%。员工持股计划锁定期为36个月，自公司非公开发行的股票登记至资产管理计划名下时起算，届满后进入解锁期。2020年12月21日，招商局蛇口工业区控股股份有限公司发布公告称，于近日完成第一期员工持股计划非交易过户并将剩余股份出售完毕。

招商地产B股股份已于2015年12月10日起从新加坡证券交易所退市。12月28日，招商地产A股股票正式终止上市。同日，招商蛇口在深圳证券交易所上市，证券代码为“001979”。重新上市之后，招商蛇口的市值达到1800亿元，成为超越绿地、接近万科的“地产新巨头”。而在招商蛇口彼时的五年规划中，战略目标定在五年内要进军房地产企业10强。

三、混合所有制改革绩效

2015年，招商蛇口成功吸收合并招商地产并进行了资源深度整合。公司全年实现营业收入总额492.22亿元，同比增长8.21%，实现归属于上市公司股东的净利润48.50亿元，同比增长51.36%；基本每股收益为0.88元，同比增长51.72%。公司归属于上市公司股东的净利润68.93亿元，同比增长31.14%；基本每股收益为0.93元，同比增长31.14%。公司2015年实际业绩已达到吸收合并前承诺要求。考察净资产收益率、营业利润率以及每股收益，我们发现在2015—2018年这三项指标均显著增长，表明招商蛇口在吸收合并后的盈利能力持续增强（见表5-16）。

表5－16　2014—2019年招商蛇口盈利能力指标

指标	时间（年份）					
	2014	2015	2016	2017	2018	2019
净资产收益率（%）	19.06	10.40	16.96	17.79	20.08	16.90
营业利润率（%）	21.22	20.37	25.66	27.56	30.15	26.95
每股收益（元）	0.58	0.88	1.21	1.60	1.89	1.99

资料来源：招商地产、招商蛇口企业年报。

招商蛇口的营业收入增长率和净利润增长率在2016年均得到大幅增长。2015年，招商蛇口的营业收入增长率为8.21%，净利润增长率为51.36%，而2016年招商蛇口的营业收入为636亿元，净利润为122亿元，营业收入增长率和净利润增长率分别增加至29.16%以及97.54%（见表5－17）。这说明，在短期内招商蛇口的吸收合并促进了企业的业绩增长。招商蛇口的总资产增长率在2015年出现了明显增长，这是因为总体上市为企业注入了大量资产。

表5－17　2014—2019年招商蛇口成长能力指标

指标	时间（年份）					
	2014	2015	2016	2017	2018	2019
营业收入增长率（%）	30.77	8.21	29.16	19.45	16.25	10.64
净利润增长率（%）	15.01	51.36	97.54	32.08	20.42	5.20
总资产增长率（%）	10.35	25.34	21.26	32.65	24.84	45.86

资料来源：招商地产、招商蛇口公司年报。

招商蛇口在2015年实行整体上市之后，资产负债率逐年下降。即便企业财务负担在2017年开始加重，资产负债率增长为2017年的71.79%以及2018年的74.30%，但这一状况在2019年得到改善（见表5－18）。这与招商蛇口稳健的风格有关。企业常务副总经理朱文凯表示，前面几年，民营企业和国有企业的发展风格确实不太一样。民营企业的特点是高杠杆、高周转。朱文凯进一步指出，国有企业受到风险管控影响，在杠杆上有严格的管控要求，而这或许也可以解释招商地产为什么掉出房地产企业第一梯队。目前，国内对房地产的融资监管已经进入了一个新的阶段，央行和住建部将限制开发商融资的“三道红线”，于2021年1月1日起在全行业推行，“去杠杆、降负债”成为房地产企业的重要任务之一。在这种房地产企业融资收紧的背景下，拥有稳健杠杆的招商蛇口有可能更具优势。

表5-18　2014—2019年招商蛇口偿债能力指标

指标	时间（年份）					
	2014	2015	2016	2017	2018	2019
速动比率	0.50	0.63	0.74	0.73	0.62	0.56
资产负债率（%）	73.02	70.52	69.52	71.79	74.30	63.19

资料来源：招商地产、招商蛇口公司年报。

招商蛇口的应收账款周转率一直保持下降趋势，表明公司回款能力不佳。存货周转率在2014年和2015年分别为0.27与0.28，而在2016年该值明显增加至0.34，之后则逐年下降。在短期内，企业的存货周转速度加快，变现能力加强（见表5-19）。在高周转上，朱文凯同样指出，体制决定了招商蛇口在某些工程上会受到约束，不像民营企业发展得那么快。招商蛇口董事长孙承铭也表示招商局集团有关键绩效指标（KPI）考核，追求稳健发展。

表5-19　2014—2019年招商蛇口营运能力指标

指标	时间（年份）					
	2014	2015	2016	2017	2018	2019
应收账款周转率	451.28	521.38	392.54	268.64	114.51	65.15
存货周转率	0.27	0.28	0.34	0.33	0.28	0.24

资料来源：招商地产、招商蛇口公司年报。

重组之后，在招商蛇口的股份结构中，招商局集团与其全资子公司招商局轮船股份有限公司合计持股74.33%。招商局集团如此高的持股比例一方面有利于国有资产保值增值，另一方面，经过本轮混合所有制改革，招商蛇口不仅在前海自贸区囤积了大批一线城市核心区优质土地资产，同时也发展了邮轮产业，成为公司发展的新引擎，使招商蛇口在业务上形成了园区、社区、邮轮“三驾马车”齐头并进的局面，通过对三大业务模块的开发与运营，公司不仅拓展了产业规模，在业绩上也获得了提升，混合所有制改革的效果十分显著。

混合所有制改革前，招商蛇口在一线、二线城市储备了大批优质土地，其长远的土地储备布局是公司的“压舱石”。随着深圳前海自贸区战略发展机遇的来临，在前海以及蛇口片区拥有大量土地的招商蛇口收益颇多，前景十分乐观。背靠优质的土地资产，招商蛇口将发展地产业务作为集团的一项关键发展战略，通过将全量土地资源聚合到一个上市平台的方式，减少公司内部不必要的关联交易和同业竞争的消耗，有利于集团地产业务的壮大。同时，为了投入建设与开发前海自贸区，招商地产定向增发募集了共计 118. 54 亿元人民币的配套资金，按照公司的发展总体规划，引入一批与公司愿景契合的合作对象，筹集了充足的未来发展所需资金，为开展产融结合、产融双结合的优质战略合作关系打下了坚实的基础。

四、案例启示

招商蛇口控股吸收合并招商地产，采用锁价方式定增募集资金不超过 150 亿元，通过该配套募资，整体上市的招商局蛇口将引入包括国开金融、鼎晖百孚、华侨城等战略投资，同时还顺带完成金额达 10 亿元的员工持股计划。改制结束后，公司以园区开发运营、邮轮产业以及房地产开发为主，未来将受益于前海自贸区建设发展。

2015 年 9 月，国务院印发《关于深化国有企业改革的指导意见》，按照以管企业为主向以管资本为主转变的要求，指出要以管资本为主推进国有资产监管机构的职能转变；改革国有资本授权经营体制，改组国有资本投资、运营公司；推动国有资本合理流动优化配置，清理退出一批、重组整合一批、创新发展一批国有企业。招商蛇口的重组，恰好是国有企业改革方案出炉后的第一单央企地产重组，为国有企业改革与央企混合所有制改革创造了一个典型样本。招商蛇口改革的案例给竞争性国有企业混合所有制改革带来了以下三点启示。

（1）竞争性国有企业的混合所有制改革不能“为混而混”，必须对混合所有制改革后竞争性国有企业未来的发展有明确目标与规划。招商蛇口借助混合所有制改革进行“谋变”和“转型”，通过“自贸区整体上市”将定位调整为“城市综合开发和运营服务商”。深圳前海蛇口自贸区以金融业、现代航运物流业、科技服务等专业服务业为主导产业，而招商蛇口将主导前海蛇口自贸区的开发建设，它在前海自贸区的优势资源将有利于实现自身的多元化业务发展。在打造前海蛇口自贸区标杆的基础上，招商蛇口进一步将经验在全国甚至海外进行复制拓展。同时，招商蛇口作为招商局旗下的资产整合平台，将结合整个招商局在金融、物流、交通和地产等的全产业链条进行战略协同，提升招商蛇口的核心竞争力。

（2）竞争性国有企业的混合所有制改革要综合考虑增股扩资、改善治理结构、增强员工激励等多重目标。招商蛇口的混合所有制改革方案在实现换股、吸并、重组上市的同时配套募集资金，通过定向增发的形式推行员工持股计划。在整体上市的同时引入员工和战略投资者等非国有资本，促进了股权多元化，改善了公司的治理结构，有利于留住优秀员工，使优秀员工的中长期利益合法化，增强企业发展可持续性。推行员工持股方案，在一定程度上将员工利益与公司利益捆绑在一起，有利于健全现代化公司治理结构，完善公司股东与经营者的利益风险共担机制。但总体来看，本案例的治理特点则是强控制、弱激励，国有股东始终保持对股东会的有效控制和对董事会的绝对控制，员工参与公司治理的程度有限，激励手段总体偏保守（沈昊、杨梅英，2019）。

（3）招商蛇口上市新方案是国内首例上市公司“A + B”股同时被换股吸收合并转换为新上市公司 A 股的案例，为国内同类上市公司创造了可资借鉴的经验。目前，解决 B 股退市问题，主要有三种模式：一是纯 B 股公司发行 A 股；二是 B 股转 H 股；三是“A + B”股同时被吸收合并转换为新 A 股。招商蛇口案例属于第三类模式。若今后竞争性国有企业改革中实现整体上市也是通过控股股东发行 A 股，同时吸收 A 股和 B 股这类模式，复制招商蛇口的经验应该并不存在特别大的障碍。

第五节　G 公司：集团与业务子公司之间的权衡

一、公司简介

G 公司最初于 2000 年挂牌成立，是某省国资委管理的省属一级企业集团，接管省政府划拨的脱钩企业200余家。2014年，省委、省政府对所属国有企业实施资产重组，S集团公司和G公司合并重组为B集团有限公司，G公司成为B集团二级企业。在具体的业务板块方面，目前，G公司主要有5大板块，分别是G公司本部、上市公司板块、医药板块、旅游板块以及养老板块。截至2018年末，G公司纳入合并报表范围的企业共140余家，其中，一级企业1家，二级企业20余家，三级企业40余家，四级企业70家；未纳入合并报表范围的企业共30家。

二、混合所有制改革情况

由于2014年及2015年企业经营状况出现恶化，G公司在2015年实施整体改制，在战略定位上属于“业务处于充分竞争市场的商业类国有企业”（以下简称“竞争类国有企业”）；改制通过股权转让和增资扩股的方式，引进战略投资者L联合体（以下称“民营股东”），成功改制为国有资本控股（51%）、民营资本参股（49%）的混合所有制企业。2019年，省政府决定将G公司的国有股权划拨给省属国有企业C集团有限公司，使其成为C集团的二级企业。

在公司内部治理结构方面，G公司设立有股东会、董事会、监事会和经营班子。①股东会会议由股东按照其出资比例行使表决权。②董事会有成员7人，其中C集团委派董事4人，民营股东委派董事3人。③设董事长和副董事长各1人，董事长由C集团委派，副董事长由民营股东委派。④公司经营班子有成员5人，包括总经理1人、副总经理等4人，其中，C集团提名3人，民营股东提名2人并提名总经理人选。⑤监事会有成员3人，其中C集团委派1人并提名监事会主席人选，民营股东委派1人，职工监事1人。实际上，民营股东只派出总经理1人参与决策、经营。此外，在员工人数上，截至2018年底，G公司在职员工3000余人，离退休人员1000余人，其中行政离休10余人、企业离休1人、行政退休60余人、企业退休1000余人。

在公司外部监管方面，2019年，G公司在被划属C集团之后，作为文化类国有企业，重大投融资、重大资产处理等事项接受上级部门监管。

三、混合所有制改革绩效

总的来看，G公司在改制后一定程度上控制了经营风险，在降低资产负债率、压缩管理层级，减少法人单位以及僵尸企业出清上，都取得了一定的成果。G公司通过改制，引进增量资金近30亿元，资产负债率从116%下降到84%，解除了资金链断裂的危险，延续了企业的生存。但由于各种原因和历史包袱问题，G公司的风险依然较大，困难重重，脱险解困、业务发展并没有取得实质上的改善，营业利润率和总资产报酬率并没有得到显著改善，企业的决策及生产经营活力未能被充分激发出来。

2016年按上级部门有关要求，G公司启动了僵尸企业出清工作。G公司有100余家企业被列入僵尸企业名录。随后通过强制清算、破产清算、自主清算、简易注销、股权转让、吸收合并进而创新发展等方式，截至2020年11月，G公司完成处置80余户，处置中30余户（均已进入法院破产或强制清算程序），未完成出清20户，主要面临的困难是长期累积的历史遗留问题，包括原出资不到位、共有住房、烂尾工程、权属不清等。按照国有资产管理规定，彻底出清难度极大，可能引发国有资产损失、维稳问题等一系列风险，完成上级部门下达的2020年僵尸企业出清任务十分艰巨。G公司的混合所有制改革需要进一步深化。

四、案例启示

G公司从2015年底实施改制至今，无论在公司制度设计还是在具体业务经营层面，都暴露出了一系列的问题。这些问题及其原因主要包括以下四个方面。

（1）前期混合所有制改革的战略目标不明确，国有股东和民营股东缺乏相互协调统一的战略目标。站在国有资本的角度来看，当初国有资本在引入民营资本时，对改制后企业的战略目标和长远发展缺乏充分的考虑和规划，主要目标仅限于通过引入民营资本降低资产负债率，短期内解除G公司面临的资金链断裂危机。当短期目标实现之后，由于缺乏长远的战略目标考虑，决策机制效率低下、业务经营方式僵化等一系列传统国有企业面临的旧问题又重新凸显。站在民营资本的角度来看，民营资本方面在进入国有企业时，同样缺乏对改制后企业战略目标和长远发展的充分考虑，其主要的目标是利用国有企业的资源，例如政策、土地和资金等方面的特殊待遇，来扩大民营资本的利益。这导致民营资本在改制前并没有进行相对独立的尽职调查及可行性研究，一切均由国有资本方面提供，因此其参与改制的决策具有一定的盲目性。

（2）国有股东和民营股东在理念、决策机制与日常经营方式上有极大的不同，导致两者在改制过程中矛盾重重，严重抑制了公司各类业务的经营活力和资产盈利能力。从股权结构来看，根据 G 公司 2015 年改制交易合同，在改制后的标的企业中，国有股东以 51% 的股份处于控股地位，而民营股东则以 49% 的股份处于参股地位。但从业务板块来看，G 公司属于“主业处于充分竞争行业和领域的商业类国有企业”，只有为数不多且盈利能力较弱的板块和业务涉及公益和民生行业，唯有通过去行政化、引入民营企业果断灵活的决策经营机制，才能使处于充分竞争行业和领域的国有资产焕发活力。但实际上，G 公司在混合所有制改革后，由于国有股东与民营股东在发展理念、管理思维上差异明显，未能真正融合，未能实现优势互补。①发展理念差异明显。国有企业有系统性、长远性和战略性发展思维，在运营有政策支持、投入大、周期长的民生行业方面有优势；民营企业市场化意识强、决策快、效率高、成本低，在运营市场化、充分竞争的短平快产业方面有优势。2019 年以前，G 公司作为 B 集团的下属企业，主要受上级部门的领导，很多事务在 B 集团层面就能够做出决策，但 B 集团对 G 公司的资产严格管控，不求有功，但求无过，与民营股东的矛盾逐渐加深，股东之间对企业发展方向没有达成共识，在如何脱险解困、谋求发展方面缺乏作为，导致 G 公司“混而不改”，企业发展没有起色。2019 年将 G 公司划到 C 集团下属之后，国有股东与民营股东的沟通有了明显改善，在如何脱险解困等方面逐渐达成共识。但在如何谋求发展方面二者考虑迥异，国有股东考虑在退出风险大的贸易业务的同时，整合、培育、拓展教育服务、旅游、康养等民生产业；民营股东由于投入被套，损失较大，更多考虑的是如何尽快退出、减少损失。②管理思维截然不同。国有企业讲规则、讲程序、讲责任，防范风险能力强，但决策效率慢、捕捉机会能力弱、运作成本高。民营企业讲效率、程序少、成本低，但主观性强、随意性强、风险防范不系统。G 公司在混合所有制改革后，在公司高层管理团队中并没有按照股权比例设置双方管理人员，民营股东只派了 1

位总经理参与决策、经营，其他团队成员都是国有企业人员，无论是话语权还是决策权，民营股东都处于弱势地位，未能真正发挥作用，与国有股东的矛盾日渐激化。在2019年G公司划到C集团后，C集团与民营股东增强沟通协调，合作关系明显改善。但C集团作为上级部门监管的文化企业，注重讲大局、讲规则、讲程序、讲纪律，2019年C集团新修订的《公司章程》增加了“党委前置讨论”相关制度，从事前的战略决策、事中的日常经营管理到事后的监督，只要涉及“三重一大”，原则上都需要党委前置讨论，这在一定程度上又延长了整个决策链条。此外，由于文化类国有企业特殊的意识形态监管制度，在主管部门省委宣传部审批角度上更注重社会影响和社会责任，对一些市场化的重大资产、业务审批慎重，审批时间长。冗长的决策、审批程序耽误商机，民营股东对此颇有微词。

（3）混合所有制改革安排不合理，国有企业和民营企业未能在不同性质的业务和板块上发挥各自优势，按照公司治理的规则实现优势互补。①混合所有制改革平台安排在G公司总公司层面上，导致劣势叠加。G公司是集团型资产管理公司，既有战略性、公益性民生产业，也有充分竞争的产业及领域。G公司总公司带有行政机构特色，党群、纪检、行政、人事等工作及部门齐全，管理讲规则、讲程序、讲责任。民营股东对总公司的行政化管理不适应，认为其管理成本高、决策效率低。行政化的管理和决策程序与市场化的果断和快速决策发生碰撞，产生重重矛盾而又无法解决。国有企业和民营企业的优势无法各自充分发挥，反而将各自的劣势叠加体现。②混合所有制改革股权比例安排导致在决策上谁反对都有效。G公司混合所有制改革股权比例是国有股本51%、民营股本49%，双方都要深度参与决策、经营，如果重大决策、经营未能达成共识，就无法实行。如果双方未能加强沟通理解，目标、理念、思维不同，很容易导致在经营决策上互相抬杠，难以成事。B集团与民营股东矛盾逐渐加深，也是导致G公司混合所有制改革在四年多的时间内没有发展的主要原因之一。G公司国有股权划转C集团后，虽然股东之间沟通顺畅，但在发展理念、管理思维上也有差异。

（4）拟实施的国有资本收益上缴政策使得C集团公司与G公司之间存在财务利益的冲突。按照国家对国有企业的管理办法，C集团作为国有企业需要上缴国有资本经营利润，C集团在合并计算利润时需要将G公司的财务合并上报并按比例上缴国有资本经营利润，但G公司累积亏损30

多亿元，在弥补亏损前，并不能向C集团分配利润，这就导致了C集团与G公司之间的利益冲突。当G公司的利润增加时，C集团承担的国有资本经营利润上缴数额也会随之增加。

（5）用工思维存在差异明显，困扰人才引进和士气提振。国有股东讲大局、讲稳定、讲责任，对辞退员工、降薪酬等比较谨慎，这容易导致用人机制不灵活、员工老化现象严重。C集团接受股权后，面对G公司资产留置人员多、可用人才少的尴尬局面，考虑到维稳责任和提振员工士气，很难进行市场化的人事制度改革。民营股东希望依照劳动法，实行市场化的灵活用人制度，解决冗员，引进人才，降低成本，提升企业效益。要解决这种局面，唯有深化混合所有制改革。

总结G公司混合所有制改革的经验教训，我们可以得到如下关于竞争性国有企业混合所有制改革的启示：①面对充分竞争的行业，主要股东如果缺乏互信、矛盾重重，将会极大降低企业的经营效率，甚至威胁企业的生存。因此，在进行混合所有制改革前，国有资本与民营资本双方应该充分沟通并制订详尽可操作的混合所有制改革方案，拥有明晰一致的战略目标、思维理念，协调管理方式，才能增进双方互信，减少改制中双方的矛盾，加速双方的融合，实现优势互补，提升混合所有制改革的活力。②竞争性国有企业的混合所有制改革安排要合理，对于具体业务和经营活动放在下属子公司带有行政机构特色的国有企业来说，要将混合所有制改革进一步下沉到具体的业务公司层面。国有股东和民营股东根据各自优势、股权比例，各自主导经营有优势的实体企业——国有股东主导政策性强、投入大、周期长的民生行业，民营股东主导完全市场化竞争的产业和市场化出售的资产——实现竞争性业务板块的去行政化。③竞争性国有企业需要在复杂多变的市场环境中快速准确地做出决策，因此，国有企业要重视发挥民营企业的优势与才能，避免混而不改，通过利用民营企业果断灵活的决策经营机制，一方面按照市场化的方式迅速有效剥离不良资产，另一方面则缩减冗长的决策链条、减少多方监管的目标冲突，最终有效激发处于充分竞争市场中的国有资产的潜在活力，淘汰冗余，才能发挥混合所有制企业紧跟市场、决策灵活的优势，激发混合所有制企业的活力。

第六节　本章小结

评价国有企业混合所有制改革的成功与否并不容易，不应该在某个时间点做静态评价，而需要动态的长期考察。国有企业混合所有制改革的每个样本都是独特而不可复制的，改革从来没有最优路径选择。国有企业的混合所有制改革要因企制宜、一企一案。但是通过对本章几个案例的研究，我们可以分别从外部治理和内部治理的角度总结出竞争性国有企业在混合所有制改革过程中存在的一些共性经验。

从外部治理的角度来看，竞争性国有企业混合所有制改革既是一个重新分配资源的经济问题，也是一个保护参与各方合法权益的法律问题，还是一个建设公平竞争的良好营商环境的政治问题。因此要注意以下三点。①政府要从“管企业”转向“管资本”。在混合所有制企业占股比例动态变化的情况下，加之国有投资运营机构的隔离，政府直接干预实体企业的依据已经消失，从“管企业”转向“管资本”顺理成章。②进一步完善公司法，保证在混合所有制改革中各方有法可依，促进改善公司治理，为各方合法权益提供保障，提供稳定的预期，确保国有资本与民营资本的分歧能够在法律与公司架构下得到合理解决。③消除所有制的鸿沟，建立公平竞争的营商环境，对处于竞争性行业的商业类混合所有制企业继续区分“国有”“民营”意义并不大，政府应促进实现各类企业“权利平等、机会平等、规则平等”。

从内部治理的角度看，竞争性国有企业混合所有制改革的成功与否在于国有资本与民营资本能否相互信任，通力合作，发挥各自的优势，扬长避短。因此以下三点尤为重要。①国有企业与民营企业对参与混合所有制改革的合作对象的挑选要谨慎，做好尽职调查，确保双方资质合格，战略目标一致，理念方法协调。②在混合所有制改革中要建立完善的现代企业制度，融资需求与转制需求必须并重，形成良好的股权结构，在多元股东和利益相关者制衡能力增强的情况下，确保各自的权益将主要通过股东会、董事会实现，建立有效的公司治理机制，确立以董事会为核心的公司治理和决策机制，而不是按国有企业法人层级逐级上报，提高科学决策能力和决策效率。③建立科学的激励约束机制，实行市场化的薪酬机制，建立市场化的员工管理体制。

参 考 文 献

一、中文文献

[1] 安然. 中国国有商业银行混合所有制改革研究 [D]. 长春：吉林大学，2017.

[2] 蔡月锋. 中小企业治理结构与绩效的实证研究：以中小企业板为例 [J]. 上海商学院学报，2006（4）：14－18.

[3] 曾星星. 关于现阶段国有企业混合所有制改革的几点思考：基于中国联通混改的实践 [J]. 上海市经济管理干部学院学报，2020，18（5）：29－35.

[4] 陈福中，蒋国海. 新时代国有企业混合所有制改革：特征、困境、路径 [J]. 改革与战略，2021（1）：44－52.

[5] 陈军，刘莉. 上市公司董事会特征与公司业绩关系研究 [J]. 中国软科学，2006（11）：101－108.

[6] 陈良银，黄俊，陈信元. 混合所有制改革提高了国有企业内部薪酬差距吗？[J]. 南开管理评论，2021（5）：150－162.

[7] 陈其安，张国宏，赵旭. 混合所有制改革背景下的国有企业所有权结构选择：基于公益性职能的视角 [J]. 中国管理科学，2021（1）：1－12.

[9] 陈曙光，霍晓萍，任艺. 混合所有制改革与国有企业投资效率：基于委托代理冲突和股东间冲突的视角 [J]. 会计之友，2021（16）：143－150.

[10] 陈思宇，张峰，殷西乐. 混合所有制改革促进了公平竞争吗?：来自国有企业硬化预算约束的证据 [J]. 山西财经大学学报，2021，43（11）：16－28.

[11] 陈小悦，徐晓东. 股权结构、企业绩效与投资者利益保护 [J]. 经济研究，2001（11）：3－11，94.

[12] 陈旭东，迟丹凤. 我国独立董事制度的有效性研究：基于股东与独立董事的委托代理关系 [J]. 财会通讯（学术版），2007 (4)：18-21.
[13] 杜莹，刘立国. 股权结构与公司治理效率：中国上市公司的实证分析 [J]. 管理世界，2002 (11)：124-133.
[14] 范合君，初梓豪. 股权激励对公司绩效倒 U 型影响 [J]. 经济与管理研究，2013 (2)：5-11.
[15] 高雷，罗洋，张杰. 独立董事制度特征与公司绩效：基于中国上市公司的实证研究 [J]. 经济与管理研究，2007 (3)：60-66.
[16] 高明华. 国有企业混合所有制改革亟须解决的重点问题 [J]. 改革纵横，2020 (11)：50-53.
[17] 葛培健，丁同庆，黎阳. 新时代国企混改机制创新与路径探索 [C] //中国企业改革发展优秀成果 2018（第二届）上卷，2018.
[18] 耿艳丽，徐灿宇，张文婷. 混合所有制程度与公司内部薪酬差距 [J]. 中央财经大学学报，2021 (8)：62-73.
[19] 巩娜. 国有企业深化改革的主要实践模式与完善对策 [J]. 经济纵横，2018 (8)：10.
[20] 郭海. 管理者关系对企业资源获取的影响：一种结构性观点 [J]. 中国人民大学学报，2010 (3)：134-143.
[21] 郭敏，段艺璇，黄亦炫. 国企政策功能与我国地方政府隐性债：形成机制、度量与经济影响 [J]. 管理世界，2020，36 (12)：36-54.
[22] 郝颖. 董事会治理如何影响混改国企的绩效 [J]. 财会月刊，2021 (14)：31-40.
[23] 郝云宏，汪茜. 混合所有制企业股权制衡机制研究：基于“鄂武商控制权之争”的案例解析 [J]. 中国工业经济，2015 (3)：148-160.
[24] 何卫东，张嘉颖. 所有权结构，资本结构，董事会治理与公司价值 [J]. 南开管理评论，2002，5 (2)：17-20.
[25] 何亚东，曾刚. 公司治理的产生、内涵与机制 [J]. 现代管理科学，2002 (4)：51-53，57.
[26] 贺可通. 绿地集团混合所有制改革对财务绩效的影响研究 [D]. 哈尔滨：哈尔滨商业大学，2017.
[27] 胡迟. 国企改革：四十年回顾与未来展望 [J]. 经济纵横，2018 (9)：18-27.

[28] 胡晓静. 论公司治理中的利益平衡 [D]. 长春：吉林大学，2007.
[29] 怀娜，马健. 股权结构与公司治理绩效关系研究：以零售业上市公司为例 [J]. 华东经济管理，2008，22 (6)：53 – 59.
[30] 黄群慧. 地方国资国企改革的进展、问题与方向 [J]. 中州学刊，2015 (5)：24 – 31.
[31] 黄少安. 产权·产权制度·所有制 [J]. 经济评论，1993 (2)：58 – 62.
[32] 黄速建，肖红军，王欣. 竞争中性视域下的国有企业改革 [J]. 中国工业经济，2019 (6)：22 – 40.
[33] 黄勇，潘毅刚，王一峰. 当前我国发展混合所有制经济的机遇、问题和改革路径：基于浙江实践的改革重点和机制设计探讨 [J]. 全球化，2015 (5)：99 – 110.
[34] 江菲. 国企混改、股权激励与企业绩效：基于格力电器的案例研究 [J]. 财务与金融，2020 (2)：22 – 27.
[35] 姜国华，徐信忠，赵龙凯. 公司治理和投资者保护研究综述 [J]. 管理世界，2006 (6)：161 – 170.
[36] 蒋建湘，薛侃. 混合所有制国企制衡治理初探 [J]. 中南大学学报（社会科学版），2021 (1)：1 – 9.
[37] 蒋煦涵. 国有企业混合所有制分类改革与资本配置效率 [J]. 当代财经，2021 (7)：127 – 137.
[38] 兰有金. 国企混改新时代 [M]. 北京：中信出版集团，2019.
[39] 雷艳. 竞争性国企混改中股权混合度对企业绩效的影响研究 [D]. 西安：西安理工大学，2020.
[40] 李秉祥，王道静，刘杨. CEO 薪酬激励对公司过度投资的影响研究 [J]. 商业会计，2016 (1)：13 – 16.
[41] 李炳堃. 国资改革与混合所有制：基于委托代理理论视角 [J]. 经济问题，2017 (12)：60 – 64.
[42] 李济含，刘淑莲. 混合所有制、非国有大股东治理与国有企业并购效率 [J]. 审计与经济研究，2021 (4)：69 – 79.
[43] 李建华. 美、德、日公司治理结构模式探究 [J]. 经济师，2010 (8)：97 – 98.
[44] 李良智，夏靓. 上市公司管理层薪酬与公司绩效的关系研究：以电子行业为样本 [J]. 当代财经，2006 (2)：64 – 69.

[45] 李明敏，李秉祥，惠祥. 混合所有制企业资源异质股东共生关系形成机理：以中国联通混改方案为例 [J]. 经济学家，2019 (6)：70 – 79.

[46] 李全中. 混合所有制经济的中国践行：现实与未来 [J]. 商业经济研究，2017 (10)：135 – 136.

[47] 李锡元，倪艳. 上市公司职业经理人薪酬与企业绩效关系的实证研究 [J]. 经济管理，2007 (6)：67 – 72.

[48] 李亚静，朱宏泉，黄登仕，等. 董事会控制、经理报酬与公司经营绩效 [J]. 系统工程理论与实践，2005 (2)：32 – 41.

[49] 李艳荣. 内部资本市场中的利益冲突与协调研究 [D]. 杭州：浙江大学，2007.

[50] 李有华，马忠，张冰石. 国有集团企业混合所有制改革的模式创新：以中国联通为例 [J]. 财会通讯，2019 (11)：63 – 66.

[51] 李增泉. 激励机制与企业绩效：一项基于上市公司的实证研究 [J]. 会计研究，2000 (1)：24 – 30.

[52] 李政. “国进民退”之争的回顾与澄清：国有经济功能决定国有企业必须有“进”有“退” [J]. 社会科学辑刊，2018 (5)：98 – 102.

[53] 梁上坤，徐灿宇. 混合所有制程度和国有企业金融资产配置 [J]. 经济管理，2021，43 (7)：75 – 92.

[54] 梁尚尉，郝宇彪. 新时代国有企业改革的痛点和主要方向 [J]. 区域经济评论，2020 (3)：65 – 69.

[55] 林毅夫，蔡昉，李周. 充分信息与国有企业改革 [M]. 上海：上海人民出版社，2014.

[56] 林毅夫，李志赟. 政策性负担，道德风险与预算软约束 [J]. 经济研究，2004 (10)：28 – 30.

[57] 刘国亮，王加胜. 上市公司股权结构，激励制度及绩效的实证研究 [J]. 经济理论与经济管理，2000 (5)：40 – 45.

[58] 刘汉民，齐宇，解晓晴. 股权和控制权配置：从对等到非对等的逻辑：基于央属混合所有制上市公司的实证研究 [J]. 经济研究，2018，5：175 – 189.

[59] 刘芍佳，李骥. 超产权论与企业绩效 [J]. 经济研究，1998，8 (3)：12.

[60] 刘诗白. 论产权制度及其功能 [J]. 经济体制改革，1993 (5)：4 – 12，126.

[61] 刘小玄，李利英. 改制对企业绩效影响的实证分析 [J]. 中国工业经济，2005 (3)：5－12.
[62] 卢现祥. 新制度经济学 [M]. 武汉：武汉大学出版社，2004.
[63] 罗栋梁，周为勇，刘昌炜. 独立董事制度与公司业绩的实证检验 [J]. 统计与决策，2003 (11)：35－36.
[64] 罗良文，梁圣蓉. 供给侧改革背景下国有企业混合所有制改革的理论逻辑与实践路径 [J]. 湖南社会科学，2016 (4)：120－124.
[65] 马东生，陈国荣. 从公司治理系统分析公司治理结构与公司治理机制的关系 [J]. 当代经济管理，2005 (3)：66－69，80.
[66] 孟佳仪，孙金燕. 国有企业混合所有制改革的若干思考：以格力电器为例 [J]. 科技创新与生产力，2020 (8)：10－12，15.
[67] 聂辉华. 契约理论的起源、发展和分歧 [J]. 经济社会体制比较，2017 (1)：1－13.
[68] 綦好东，彭睿，朱炜. 国有企业混合所有制改革：现实问题与破解之策 [J]. 财务与会计，2019 (14)：4－7.
[69] 钱峰，李金泽. 混合所有制企业基于价值评估的绩效激励体系的构建与探索 [J]. 中国煤炭工业，2021 (7)：78－79.
[70] 钱颖一. 企业的治理结构改革和融资结构改革 [J]. 经济研究，1995 (1)：20－29.
[71] 曲丽清. 董事会规模与运作效率关系的实证分析 [J]. 经济问题探索，2007 (12)：40－45.
[72] 沈昊，杨梅英. 国有企业混合所有制改革模式和公司治理：基于招商局集团的案例分析 [J]. 管理世界，2019 (4)：17.
[73] 沈红波，张金清，张广婷. 国有企业混合所有制改革中的控制权安排：基于云南白药混改的案例研究 [J]. 管理世界，2019，35 (10)：206－217.
[74] 盛明泉，陈一玲，鲍群. 国企混合所有制改革对全要素生产率的影响、作用机制与异质性研究 [J]. 经济纵横，2021 (7)：47－56.
[75] 宋言东. 基于企业竞争力的公司治理机制 [D]. 徐州：中国矿业大学，2008.
[76] 宋增基，张宗益. 中国上市公司董事会治理与公司绩效实证分析 [J]. 重庆大学学报（自然科学版），2003，26 (12)：122－125.

[77] 孙晋，徐则林．民法典下竞争性国有企业改革法律适用之困境［J］．西北工业大学学报（社会科学版），2020（4）：107－115．

[78] 孙晋．竞争性国有企业改革路径法律研究：基于竞争中立原则的视角［M］．北京：人民出版社，2020．

[79] 孙鲲鹏，方明月，包家昊．如何“混改”更好：国企混合所有制股权组合模式对企业绩效的影响［J］．财贸经济，2021，42（6）：87－103．

[80] 孙蔓莉，王竹君，蒋艳霞．代理问题、公司治理模式与业绩自利性归因倾向：基于美、中、日三国的数据比较［J］．会计研究，2012（1）：68－74．

[81] 孙喜平，杨大凤．上市公司董事会治理效应实证研究［J］．湖北经济学院院报，2010，8（5）：99－105．

[82] 孙烨．公司治理结构与公司成长能力研究［D］．长春：吉林大学，2006．

[83] 孙永祥，黄祖辉．上市公司的股权结构与绩效［J］．经济研究，1999，（12）：23－30．

[84] 孙永祥，章融．董事会规模，公司治理与绩效［J］．企业经济，2000（10）：13－15．

[85] 唐清泉，罗党论．董事会效能、效率的实证分析：以深圳市场为例［J］．经济管理，2005（2）：25－31．

[86] 唐睿明，邱文峰．股权结构与公司绩效关系的实证研究［J］．南京审计学院学报，2014，3：70－75．

[87] 田昆儒，蒋勇．国有股权比例优化区间研究：基于面板门限回归模型［J］．当代财经，2015（6）：107－117．

[88] 王东京．国企改革攻坚的路径选择与操作思路［J］．管理世界，2019，35（2）：1－6．

[89] 王生年，白俊．公司治理模式对盈余管理的影响［J］．中国管理信息化，2009，12（23）：28－31．

[90] 王曙光，徐余江．民营企业发展与混合所有制改革实证研究：路径选择与政策框架［J］．国家行政学院学报，2017（5）：78－84．

[91] 王新有．功能属性视阈下竞争性国有企业改革路径研究［D］．南昌：江西财经大学，2019．

[92] 魏刚，杨乃鸽．高级管理层激励与经营绩效关系的实证研究［J］．

证券市场导报，2000（3）：19－29.
[93] 魏雅，吕健博. 国有企业员工持股探索与实践：以B集团公司下属企业为例［J］. 现代商业，2021（20）：80－82.
[94] 吴爱存. 国有企业混合所有制改革的路径选择［J］. 当代经济管理，2014，36（10）：37－39.
[95] 吴敬琏，等. 大中型企业改革：建立现代企业制度［M］. 天津：天津人民出版社，1993.
[96] 吴雅倩. 国有企业混合所有制改革动因及绩效研究［D］. 南京：南京审计大学，2019.
[97] 吴优. 国有企业股权激励的实际效果浅析：以海信电器为例［J］. 会计师，2015（19）：78－79.
[98] 肖土盛，孙瑞琦. 国有资本投资运营公司改革试点效果评估：基于企业绩效的视角［J］. 经济管理，2021，43（8）：5－22.
[99] 谢劼. 董事长与总经理：两职的分离与合一探索［J］. 金融与经济，2006（8）：31－32.
[100] 杨小凯，黄有光. 专业化与经济组织［M］. 北京：经济科学出版社，1999.
[101] 叶亚飞. 公司董事会规模合理性的实证分析［J］. 河南商业高等专科学校学报，2005，18（6）：18－20.
[102] 于潇. 美日公司治理结构比较研究［M］. 北京：中国社会科学出版社，2003.
[103] 袁惊柱. 国有企业混合所有制改革的现状、问题及对策建议［J］. 北京行政学院学报，2019（1）：71－78.
[104] 岳清唐. 中国国有企业改革发展史（1978—2018）［M］. 北京：社会科学文献出版社，2018.
[105] 云翀，魏楚伊. 从“国营”到“国有”：国企治理结构改革的反思与前瞻［J］. 中国经济史研究，2017（12）：57－65.
[106] 张东坡. 中小板上市公司股权激励效果分析［J］. 财会月刊，2012（5）：14－17.
[107] 张凌. 我国国有企业混合所有制改革研究［D］. 北京：中国财政科学研究院，2016.
[108] 张维迎. 从公司治理结构看中国国有企业改革［M］//张维迎. 企

业理论与中国企业改革. 上海: 上海人民出版社, 1999.
[109] 张维迎. 公有制经济中的委托人－代理人关系: 理论分析和政策含义 [J]. 经济研究, 1995, 4 (10).
[110] 张文魁. 国企改制调查报告: 成本支付, 股权结构, 绩效变化 [J]. 改革, 2005 (10): 76－83.
[111] 张文魁. 国资监管体制改革策略选择: 由混合所有制的介入观察 [J]. 改革, 2017 (1): 110－118.
[112] 张五常. 佃农理论 [M]. 北京: 中信出版社, 2010.
[113] 张五星, 孟欣, 谢一丹. 非国有股东委派董事能切实提高公司价值吗: 基于中国联通混改案例研究 [J]. 会计之友, 2019 (17): 155－160.
[114] 张喜亮. 国有民有: 国企改革职工的地位和作用大不同 [J]. 现代国企研究, 2014 (12): 4－6.
[115] 张潇. 上市公司治理结构对会计透明度影响的实证研究 [D]. 长春: 吉林大学, 2007.
[116] 张雨洁. 国企混改与企业绩效 [D]. 沈阳: 东北财经大学, 2019.
[117] 章帷儿. 企业换股合并过程对中小股东利益保护研究: 以招商蛇口换股合并招商地产为例 [J]. 财会通讯, 2020 (2): 98－102.
[118] 郑志刚. 国企公司治理与混合所有制改革的逻辑和路径 [J]. 证券市场导报, 2015 (6): 4－12.
[119] 郑志刚. 国企混改的逻辑、路径与实现模式选择 [J]. 中国经济报告, 2020 (1): 54－67.
[120] 中国社会科学院工业经济研究所课题组. 中国多种所有制企业共同发展的时代内涵与"十四五"政策措施 [J]. 经济管理, 2020 (6): 5－24.
[121] 中国社会科学院经济研究所课题组. "十四五"时期我国所有制结构的变化趋势及优化政策研究 [J]. 经济学动态, 2020 (3): 3－21.
[122] 周丽莎. 混合所有制改革政策演变和实践发展 [J]. 开发性金融研究, 2018 (4): 6.
[123] 周其仁. 市场里的企业: 一个人力资本与非人力资本的特别合约 [J]. 经济研究, 1996 (6): 71－80.

二、外文文献

[1] Alchian A A, Demsetz H. Production, information costs, and economic organization [J]. The American Economic Review, 1972, 62 (5): 777 -795.

[2] Alchian A A. Property rights the invisible hand [M]. London: Palgrave Macmillan, 1989.

[3] Alchian A A. The basis of some recent advances in the theory of management of the firm [J]. The Journal of Industrial Economics, 1965, 14 (1): 30 -41.

[4] Alexander J A, Fennell M L, Halpern M T. Leadership instability in hospitals: The influence of board-CEO relations and organizational growth and decline [J]. Administrative Science Quarterly, 1993, 38 (1): 74 -99.

[5] Arrow K J, Debreu G. Existence of an equilibrium for a competitive economy [J]. Econometrica, 1954, 22 (3): 265 -290.

[6] Baker G P, Jensen M C, Murphy K J. Compensation and incentives: Practice vs. theory [J]. The Journal of Finance, 1988, 43 (3): 593 -616.

[7] Baliga B R, Moyer R C, Rao R S. CEO duality and firm performance: What's the fuss? [J]. Strategic Management Journal, 1996, 17 (1): 41 -53.

[8] Barzel Y. Economic analysis of property rights [M]. Cambridge: Cambridge University Press, 1997.

[9] Blair M M. Ownership and control: Rethinking corporate governance for the twenty-first century [J]. Long Range Planning, 1996, 29 (3): 432.

[10] Berg S V, Smith S K. CEO and board chairman: A quantitative study of dual vs. unitary board leadership [J]. Directors and Boards, 1978, 3 (1): 34 -39.

[11] Bozec R, Dia M. Board structure and firm technical efficiency: Evidence from Canadian state-owned enterprises [J]. European Journal of Operational Research, 2007, 177 (3): 1734 -1750.

[12] Cheung S N S. The contractual nature of the firm [J]. The Journal of

Law and Economics, 1983, 26 (1): 1-21.

[13] Claessens S, Djankov S, Fan J P H, et al. When does corporate diversification matter to productivity and performance? Evidence from East Asia [J]. Pacific-Basin Finance Journal, 2003, 11 (3): 365-392.

[14] Claessens S, Djankov S, Lang L H P. The separation of ownership and control in East Asian corporations [J]. Journal of Financial Economics, 2000, 58 (1-2): 81-112.

[15] Coase R H . The Nature of the Firm [J]. Economica, 1937, 4 (16): 386-405.

[16] Coase R H. The problem of social cost [M]. London: Palgrave Macmillan, 1960.

[17] Cochran P L, Wood R A, Jones T B. The composition of boards of directors and incidence of golden parachutes [J]. Academy of Management Journal, 1985, 28 (3): 664-671.

[18] De Alessi L. Property rights, transaction costs, and X-efficiency: An essay in economic theory [J]. The American Economic Review, 1983, 73 (1): 64-81.

[19] Demsetz H. Toward a theory of property rights [J]. The American Economic Review, 1974, 57 (2): 347.

[20] Donaldson L. The ethereal hand: Organizational economics and management theory [J]. Academy of Management Review, 1990, 15 (3): 369-381.

[21] Edgeworth F Y. Mathematical psychics: An essay on the application of mathematics to the moral sciences [M]. London: Kegan Paul, 1881.

[22] Faccio M, Lang L H P. The ultimate ownership of Western European corporations [J]. Journal of Financial Economics, 2002, 65 (3): 365-395.

[23] Fama E F. Agency problems and the theory of the firm [J]. Journal of Political Economy, 1980, 88 (2): 288-307.

[24] Fama E F, Jensen M C. Separation of ownership and control [J]. The Journal of Law and Economics, 1983, 26 (2): 301-325.

[25] Grafton R Q, Squires D, Fox K J. Private property and economic

efficiency: A study of a common-pool resource [J]. The Journal of Law and Economics, 2000, 43 (2): 679 - 714.

[26] Grossman S J, Hart O D. The costs and benefits of ownership: A theory of vertical and lateral integration [J]. Journal of Political Economy, 1986, 94 (4): 691 - 719.

[27] Hart O, Moore J. Contracts as reference points [J]. The Quarterly Journal of Economics, 2008, 123 (1): 1 - 48.

[28] Hart O, Moore J. Property rights and the nature of the firm [J]. Journal of Political Economy, 1990, 98 (6): 1119 - 1158.

[29] Hermalin B E, Weisbach M S. The effects of board composition and direct incentives on firm performance [J]. Financial Management, 1991, 20 (4): 101 - 112.

[30] Holmstrom B. Moral hazard and observability [J]. The Bell Journal of Economics, 1979, 10 (1): 74 - 91.

[31] Jaffe A, Louziotis D. Property rights and economic efficiency: A survey of institutional factors [J]. Journal of Real Estate Literature, 1996, 4 (2): 136 - 159.

[32] Jensen M C, Meckling W H. Theory of the firm: Managerial behavior, agency costs and ownership structure [J]. Journal of Financial Economics, 1976, 3 (4): 305 - 360.

[33] Jensen M C. The modern industrial revolution, exit, and the failure of internal control systems [J]. The Journal of Finance, 1993, 48 (3): 831 - 880.

[34] Johnson S, La Porta R, Lopez-de-Silanes F, et al. Tunneling [J]. American Economic Review, 2000, 90 (2): 22 - 27.

[35] Joh S W. Corporate governance and firm profitability: Evidence from Korea before the economic crisis [J]. Journal of Financial Economics, 2003, 68 (2): 287 - 322.

[36] Kesner I F. Directors' stock ownership and organizational performance: An investigation of Fortune 500 companies [J]. Journal of Management, 1987, 13 (3): 499 - 508.

[37] Khanna T, Yafeh Y. Business groups in emerging markets: Paragons or

parasites? [J]. Journal of Economic Literature, 2007, 45 (2): 331-372.

[38] Kiel G C, Nicholson G J. Board composition and corporate performance: How the Australian experience informs contrasting theories of corporate governance [J]. Corporate Governance: An International Review, 2003, 11 (3): 189-205.

[39] Klein B, Crawford R G, Alchian A A. Vertical integration, appropriable rents, and the competitive contracting process [J]. The Journal of Law and Economics, 1978, 21 (2): 297-326.

[40] Lin L. The effectiveness of outside directors as a corporate governance mechanism: Theories and evidence [J]. Northwestern University Law Review, 1996, 90: 898.

[41] Lins K, Servaes H. International evidence on the value of corporate diversification [J]. The Journal of Finance, 1999, 54 (6): 2215-2239.

[42] Mehran H. Executive compensation structure, ownership, and firm performance [J]. Journal of Financial Economics, 1995, 38 (2): 163-184.

[43] Naughton B. The current wave of state enterprise reform in China: A preliminary appraisal [J]. Asian Economic Policy Review, 2017, 12 (2): 282-298.

[44] Nicholson W. Microeconomic theory: Basic principles and extensions [M]. 5th ed. Fort Worth: Dryden Press, 1992.

[45] North D C. Structure and change in economic history [M]. NY: Norton, 1981.

[46] Radner R. Monitoring cooperative agreements in a repeated principal-agent relationship [J]. Econometrica: Journal of the Econometric Society, 1981, 49 (5): 1127-1148.

[47] Rechner P L, Dalton D R. CEO duality and organizational performance: A longitudinal analysis [J]. Strategic Management Journal, 1991, 12 (2): 155-160.

[48] Riordan M H, Williamson O E. Asset specificity and economic organization [J]. International Journal of Industrial Organization, 1985, 3 (4): 365-378.

[49] Shleifer A, Vishny R W. Management entrenchment: The case of manager-specific investments [J]. Journal of Financial Economics, 1989, 25 (1): 123-139.

[50] Shumpeter J. Theories of economic development [M]. MA: Cambridge, 1934.

[51] Stigler G J, Friedland C. The literature of economics: The case of Berle and Means [J]. The Journal of Law and Economics, 1983, 26 (2): 237-268.

[52] Walkling R A, Long M S. Agency theory, managerial welfare, and take over bid resistance [J]. The Rand Journal of Economics, 1984, 15 (1): 54-68.

[53] Walras L. Elements of Pure Economics [M]. London: Routledge, 1954.

[54] Williamson O E. Markets and hierarchies [M]. London: Free Press, 1975.

[55] Williamson O E. The economic institutions of capitalism: Firms, markets, relational contracting [M]. London: Free Press, 1985.

[56] Jensen M C. Theory of the firm: Managerial behavior, agency costs and ownership structure [J]. Journal of Financial Economics, 1976, 4 (1): 119-139.

后　　记

中国的国有企业改革是40多年来整个改革开放史中波澜壮阔的一章，是中国特色社会主义市场经济建设事业的重要推动力。进入新时代以来，绿色发展和创新发展取代了原先的粗放型发展模式，成为中国经济发展的新战略方向。面对这一崭新的变化，中国的国有企业并没有停下以改革谋发展的脚步。通过新一轮的国有企业混合所有制分类改革，大量的国有企业焕发出了全新的活力和竞争力，同时也更有效地在新时代中承担起国有企业应有的国家与社会担当，履行着一贯的历史使命。

在这新一轮国有企业改革的浪潮中，本团队有幸深入接触了参与改革的部分竞争性国有企业，了解了竞争性国有企业的历史、现状以及改革中面临的种种问题。竞争性国有企业由于业务分散、企业结构复杂、历史包袱和财务负担沉重等诸多问题，在现实改革进程中也存在不少波折，较之战略性及公益性国有企业，竞争性国有企业表现出来的种种问题有着十分特殊的地方，这些问题以及应对之策有待深入研究和探讨。本研究团队针对竞争性国有企业混合所有制改革的实践进行专题研究，运用现代公司治理理论、法经济学理论及其研究方法和工具，结合一手调研资料以及研究文献资料，对竞争性国有企业的历史、现状、问题以及改革的理论和现实路径进行系统的研究，这些研究成果汇集成《竞争性国有企业混合所有制改革的理论与现实路径研究》一书，以期为进一步深化竞争性国有企业混合所有制改革提供一定的借鉴。

本书得以顺利完成，是研究团队协作的结果。李胜兰（中山大学岭南学院教授、博士研究生导师、中山大学自贸区综合研究院副院长）、陈玉敏（广东省出版集团投资有限公司董事长，广弘资产经营有限公司党委书记、董事长）、王兴志（广弘资产经营有限公司董事、总经理）、黄晓光博士（广东海洋大学经济学院讲师）设计了本书的内容和章节结构，组织开展了相关的实地调研工作，以及作为主要作者完成了本书的写作。

从研究资料搜集、实地调研到初稿的完成，以下团队成员也做出了重要的贡献，他们是麦景琦博士（中共广东省委党校讲师），张一帆博士（广东金融学院讲师），黎天元博士（越秀集团），周翔博士（广东省广晟资产经营有限公司金控集团），林沛娜博士（中共汕头市委党校讲师），余暮宁、郑崴元、童瑞（中山大学岭南学院博士研究生），傅芳宁（清华大学社会科学学院博士研究生），刘亦萱、古卉颜、张瑞珊（中山大学岭南学院硕士研究生）。其他对本书写作给予过帮助的人员，出于篇幅的考虑，请原谅无法在此一一列出。

由于时间和能力有限，本研究团队深知该书仍存在一定的缺漏和不足，希望相关领域的专家和读者能够不吝指正！

编　者

2022 年 6 月于广州中山大学